# VINGT-NEUF SEMAINES ET DES POUSSIÈRES D'ÉTOILES

Aude
Ceccarelli

# VINGT-NEUF SEMAINES ET DES POUSSIÈRES D'ÉTOILES

cherche
midi

## Du même auteur

*Kazakhstan, Chroniques vagabondes*, Olizane, 2017

Vous pouvez consulter notre catalogue général
et l'annonce de nos prochaines parutions sur notre site:
**www.cherche-midi.com**

Conception graphique: Mickaël Cunha


30, place d'Italie
75013 Paris

Mis en pages par Soft Office
Dépôt légal: mars 2019
ISBN: 978-2-7491-6041-2

*Je dédie ce texte à mes trois fils chéris,*
*ainsi qu'aux parents qui ont été confrontés*
*à ce choix douloureux et inimaginable :*
*celui de laisser partir leur enfant.*

*« L'écriture sert à aller chirurgicalement, cruellement, implacablement mais élégamment, avec les instruments de la beauté, au plus près de la chair à vif. »*

Hélène Cixous[1]

1. Propos recueillis par Aliette Armel, « Le moi est un peuple », in *Magazine littéraire*, n° 409, intitulé « Les écritures du moi, de l'autobiographie à l'autofiction », mai 2002, p. 26.

## Cinquième semaine

Tout ça commence de façon plutôt classique. Comme au cinéma, une scène que toutes les mamans aiment se raconter entre elles, un petit film qu'on se repasse dans sa tête, avec ce même plaisir renouvelé, sans jamais se lasser. Trois séquences : pipi sur le stick, bandelette rose, annonce.

Début mai, de retour de quelques jours de vacances dans le sud du pays, je me décide enfin à faire un test que je suis allée acheter dans une pharmacie. Une *apteka* en russe, il y en a une en bas de chez moi, sur la grande avenue Dostyk. J'ai cherché le mot « test de grossesse » sur Internet, je l'ai recopié vite fait sur un papier en lettres cyrilliques avant de l'oublier tout de suite après l'avoir acheté. L'idée que je puisse être de nouveau enceinte m'avait effleurée quand nous étions à la piscine de l'hôtel à Shymkent. On barbotait tous les quatre dans l'eau ; au milieu des cris, des rires, des éclaboussures et des bouées colorées, j'avais touché mon ventre et je m'étais dit : déjà six jours de retard…

Et la petite barre rose apparaît sur le stick en plastique : mon intuition ne m'a pas trompée ! Qu'est-ce que je fais tout de suite après ? Sans trop réfléchir, comme ça, je remets le test dans sa boîte en carton, je l'emballe dans une feuille de papier cadeau froissée qui traîne dans le tiroir du bureau et j'appelle tes frères. Ah ! Tes frères, deux loustics de moins de 2 et 3 ans, encore des bébés. Ils sont en train de regarder un dessin animé et ils arrivent en babillant l'un derrière l'autre, dans la pièce où je les attends.

« Venez, venez, les garçons, regardez, j'ai un cadeau. Allez le donner à papa. »

Papa, c'est Marco, l'étudiant italien connu quinze ans plus tôt, qui dans un instant va devenir papa pour la troisième fois. Le grand saisit la boîte, attiré par le papier rose et jaune. Son frère, le petit, toujours collé à lui, se tient juste derrière. Il n'a pas bien compris ce qu'il se passe, mais quand il voit son frère avec quelque chose à la main, il tend aussi ses petites menottes potelées de bébé, l'air de dire « et moi ? », me regardant avec ses grands yeux marron interrogateurs.

Pas d'explosion de joie ni de larmes, comme dans les films. Mon mari ne manifeste pas sa surprise comme je l'attendais et il met encore une fois un certain temps à comprendre. Pourtant je lui avais déjà fait la même mise en scène pour l'annonce de notre deuxième : un petit cadeau emballé dans un papier de couleur vive, comme celui-là. Il ouvre le paquet, tourne plusieurs fois la boîte entre ses mains, essaie de lire en russe et, enfin, il sourit. Les gamins piaillent autour de nous, eux aussi veulent prendre la boîte, non, non, les garçons ce n'est ni un jouet ni des bonbons.

Marco me serre dans ses bras. Oui, un peu comme dans les films, finalement.

Toi, tu es là, minuscule, entre nous deux et tes frères qui se chamaillent pour cette boîte en carton du test de grossesse.

Je recompte dans ma tête : mes dernières règles remontent à fin mars, il y a cinq semaines. L'enfant naîtra vers le mois de janvier.

Tout cela vient de se passer dans le bureau de l'appartement où on habite, là-bas, au Kazakhstan. Dans cet appartement immense, dans ce pays immense, au fin fond de l'Asie centrale, où on est expatriés en famille depuis un an. On est en mai, il fait beau et presque trop chaud pour un printemps. Au cœur de l'hiver de l'année prochaine, on sera cinq. Cette pièce va-t-elle être transformée en chambre de bébé ? Oui, bientôt.

*

Après, ce sont les débuts de grossesse, classiques aussi. Quelques nausées, mais pas trop, juste ce qu'il faut pour me rappeler que je vais bientôt devenir maman, encore une fois. Mon corps va se transformer, prise de poids, gros seins, tout ça. Mon ventre n'est pas encore dur, mes vêtements ne me serrent pas : seulement six semaines d'aménorrhée. Je ressors les livres sur la grossesse et la maternité. Pendant les réunions au boulot, je pense à autre chose, je compte les jours, les semaines. Je voudrais que ça aille plus vite ; déjà pour ton frère aîné, cette attente m'avait semblé interminable. En faisant et refaisant les calculs, ton arrivée est prévue pour la deuxième semaine de la nouvelle année 2014. Un bébé d'hiver, ici, au Kazakhstan, en janvier on sera sous des mètres de neige ! Moi qui n'ai eu que des bébés d'été, nés en pleine canicule en Italie…

des roues de landau qui s'enfonçaient dans le bitume mou des trottoirs de Milan

des bébés tout roses en body bleu ciel manches courtes sur le canapé du salon, fenêtres grandes ouvertes, des moustiques en tout début de soirée

des biberons à température ambiante, pas besoin de les réchauffer au micro-ondes.

Un bébé d'hiver ce sera :

des roues de landau qui grincent sur la chaussée recouverte de neige gelée

une petite boule toute tiède, bien emmitouflée dans une combinaison pilote

bien au chaud parmi nous quatre, mon bébé d'hiver.

Oui, toi tu porteras une combinaison doublée de polaire, j'en achèterai une neuve, la bleu ciel, celle de ton frère né en juin, ne sera pas à la bonne taille. Ma tête est tout occupée à des pensées de femme enceinte : le trousseau à refaire, combien de pyjamas chauds de tes frères je pourrai réutiliser, et leurs bodies manches longues, est-ce qu'ils t'iront la saison d'après ? Etc.

*

Au bureau, ce mois de printemps file vite : entre les ponts de mai, les « séminaires » et les « ateliers au vert » pour « souder l'équipe » ou encore « réfléchir à l'exécution du plan commercial de l'année 2013 », finalement, on n'a pas vraiment travaillé. Mon esprit vagabonde, et pendant ces « temps de réflexion stratégique » c'est plutôt mollement que je planche sur la stratégie 2014 avec mes collègues ; on parle de croissance en volumes, de parts de marché et de nouveaux référencements. Dans ma bulle, plus occupée au compte à rebours qui me sépare de maintenant – en mai, au Kazakhstan – à la date probable de mon accouchement à Paris… mi-novembre, *ciao bye bye*, je partirai en congé maternité. Entre-temps, ici, à Almaty, je vais préparer ta chambre dans cette petite pièce qui nous sert de bureau, ce sera le cocon, pour t'accueillir toi, mon bébé d'hiver. Entre deux séminaires ou réunions, je suis bien occupée : courir à la première échographie pour écouter les premiers battements de ton cœur qui palpite, programmer un autre examen et faire une prise de sang dans une clinique privée d'Almaty. Cette clinique est fréquentée par des expatriés, le personnel médical y est moins revêche que dans les hôpitaux publics et surtout, on y parle vaguement anglais.

Quelques nausées, oui, bien sûr, pourtant je me sens forte et bien dans mon corps. Le soir, en rentrant du bureau, je m'allonge, pas tellement pour me reposer, mais pour réfléchir : je compte les semaines qui me restent avant de pouvoir enfin annoncer la nouvelle. Ça se passera cet été, en vacances, dans une villa en bord de mer, en Méditerranée où on se réunira avec toute la famille. Pas avant. Tu sais, on est plutôt superstitieux avec ton père. Comme pour tes frères, on tardera un peu avant de révéler l'heureux événement, ce sera trois semaines après la première échographie. Ah ! Je vois leurs têtes, forcément ils ne s'attendront pas à ça… Allez, je recompte dans ma tête, ce calcul je l'ai déjà fait dix fois aujourd'hui : quand je l'annoncerai, je serai à quatorze semaines d'aménorrhée. C'est long… Je voudrais informer tout le monde de mon état, moi, tout de suite. Là, par exemple, bloquée dans les embouteillages sur la longue avenue Abaï vers mon bureau, j'ai envie de sortir de la voiture et de crier à la cantonade : je suis enceinte ! ENCEINTE ! Comment on dit, en russe, d'ailleurs ?

Vite, que juillet arrive ! On est seulement fin mai. Combien de jours encore une fois ? Combien de semaines ? Plus que sept avant l'annonce à la famille, puis aux amis, puis aux collègues, après les vacances d'été. Au fait, en y pensant, là, maintenant, mon visa va bientôt expirer ! Faut que je contrôle, où est mon passeport, déjà ? Je perds la tête, je pense trop à toi.

Je vis ce début de grossesse avec assurance et sérénité, comme une preuve évidente de ma réussite personnelle et familiale, car je vais t'avoir, toi. Tes frères, je les trouve beaux, mais toi, tu vas être tout simplement magnifique. Trois enfants, le juste nombre, pour une famille idéale, la mienne. Quel manque de modestie, décidément. Mais en même temps, qui de mes amies ou de mes connaissances a trois enfants ? Très peu, en fait... Et trois enfants, dans nos vies modernes de femmes qui mènent aussi une carrière professionnelle, ce n'est pas si commun. Je serai de celles-là.

## Ce joli mois de mai

Avec tous ces ponts, le beau temps, les jupes courtes et les sacs à main d'été qu'on sort des placards, le mois de mai file, heureux, léger. Je prends conscience de mon nouvel état, ce que je garde bien enfoui au fond de moi, même si j'ai envie de le révéler à la terre entière, et surtout à ma maman. Plusieurs fois, je saisis le téléphone pour l'appeler et le lui dire, rien qu'à elle. Ce sera notre secret qui nous reliera toutes les deux : moi, ici, si loin ; elle, à Paris. Non. Attendre les fameux « trois premiers mois », passer la première échographie et patienter encore deux ou trois semaines, histoire d'être sûrs, avant de l'annoncer... Pourquoi êtes-vous si obnubilés par ce délai de trois mois ? a dit un jour quelqu'un de ma famille... Oui. De quoi avez-vous peur ? J'en sais rien. C'est comme ça. Une sorte de superstition, sans doute.

*

J'aime le mois de mai, il me ramène à mon enfance, quand j'étais une petite fille. En mai, on mettait des robes sans manches et des gilets en maille par-dessus, et aussi des socquettes blanches dans nos sandalettes en cuir. On jouait dans la cour de la résidence avant le dîner. Bientôt, ce sera l'été. Il flottait dans l'air cette légèreté, celle des soirées qui rallongent, celle de la saison des pêches et des framboises, celle des robes plissées qui tournent autour des jambes nues, et aussi des kermesses d'école et des vacances d'été qui approchent. C'était à Paris, en 1984.

Ici aussi au Kazakhstan je retrouve cette légèreté si particulière. L'hiver a traîné jusqu'à la fin mars, puis avril, tiède, et voilà ce mois de mai, aérien, qui annonce la canicule de juin. Et ici aussi, on mange des framboises, elles sont vendues dans des gobelets en plastique transparent par des babouchkas coiffées de fichus à fleurs, qui stationnent au coin des grandes avenues. Mai 2013 : j'aurai 38 ans le mois prochain.

Il y a trois semaines à peine, j'ai découvert que je t'attendais. Sans savoir ce qui va se passer ensuite, j'aime les sensations de mai au Kazakhstan et je suis surprise par l'imprévisibilité de ce mois-là : beau, chaud, tiède, petit vent, arbres de plus en plus verts et touffus sur les grandes avenues rectilignes d'Almaty – tout était gris le jour d'avant, et voilà que le printemps surgit de partout. Pluie fine, genre crachin, orage violent et puis, soudain, re-beau temps.

*

Paris – mai 2017. Alors que je marche sur un boulevard vers la gare de l'Est, mon corps accueille les délicieuses sensations du printemps : vent léger qui décoiffe mes cheveux, soleil tout doux sur ma peau, fraîcheur des petits matins – où est mon gilet ? –, douceur des soirées. Chaque année, une courte appréhension me traverse : dans quel état d'esprit serai-je, comment vais-je accueillir cette période-là ?

Quatre ans, une éternité après tout ce qu'il s'est passé depuis.

Quatre ans déjà et ce nouveau mois de mai qui me ramène vers toi.

## Hiver 1989

J'ai 13 ans, je suis en classe de 4e, j'ai eu mes règles il y a quelques mois seulement.

En classe de biologie je réunissais des informations pour un exposé sur l'avortement. Dans quelles circonstances m'a-t-on demandé ce travail : avec qui, pourquoi, quand ? J'ai oublié. Je me souviens juste de sa préparation et de l'échange très intime que j'ai eu avec ma mère. Elle m'avait acheté ce petit livre, un « Que sais-je ? », aux éditions PUF. Je revois la couverture bleu ciel, un peu austère, et son titre, en trois lettres seulement : *IVG*. On parlait d'avortement, de la loi Veil qui avait révolutionné la vie des femmes et la perception de leur corps.

Maman m'avait expliqué ce qu'une femme avait le droit de faire avec son corps : ne pas donner naissance à un enfant dont elle ne voulait pas en faisait partie. C'était la loi. « Une loi votée en 1975, l'année de ta naissance, ma chérie. Tu sais, quand la loi est passée à l'Assemblée, je me souviens de ces débats agités, c'était l'hiver, il neigeait à Paris, et j'étais enceinte de toi, bien au chaud à la maison, je t'attendais… »

L'avortement, ou l'interruption volontaire de grossesse, j'en comprenais le principe, la nécessité « si on ne voulait pas garder l'enfant », même si tout ça me semblait un peu abstrait. Je crois qu'indirectement ma mère essayait de me mettre en garde contre le viol, ou les rapports sexuels forcés et leurs conséquences éventuelles... Pour cela, la loi était bien faite. On pouvait décider de ne pas être maman pour la mauvaise raison, parce que c'était trop tôt ou alors parce que l'enfant n'était pas désiré.

Ni elle ni moi n'aurions pu imaginer que, vingt-cinq ans et trois cents cycles plus tard, j'aurais moi aussi recours à une interruption de grossesse.

## Début de l'été 2013

Juin – pertes de sang. Je me jette sur les deux livres de grossesse ressortis de ma bibliothèque. Je feuillette avec fébrilité les pages du fameux Pernoud *J'attends un enfant*, édition 2010, acheté avant la naissance de ton frère, cherchant à comprendre ce qu'il se passe sans trouver aucune explication rassurante. Quand j'ai vu le sang, mon cœur a fait un bond. Les pertes ne sont ni abondantes ni douloureuses, rien de grave, finalement. J'appelle la clinique privée avec laquelle je peux m'expliquer en anglais. Le médecin, un Sud-Africain, le prend à la légère : « Prenez un paracétamol et allongez-vous. » Quand ton père apprend ça, fou de rage, il rappelle le médecin, exigeant un contrôle immédiat. Il a peur pour son nouvel enfant. Je suis touchée de son implication à un stade si précoce de ma grossesse. On est vendredi soir, le directeur de la clinique sent qu'il vaut mieux nous rassurer avant qu'on devienne incontrôlables et organise pour nous un rendez-vous en urgence le lendemain matin dans un hôpital privé réputé de la ville. C'est l'hôpital turc, fermé le week-end, mais le médecin s'est arrangé pour faire venir des confrères, qui vont m'examiner. Couloirs d'hôpital vides et silencieux ce samedi matin, linoléum bleu gris au sol... Je rentre dans la salle d'examen, deux médecins turcs venus spécialement pour moi m'attendent, entourés d'un échographe kazakh, du médecin sud-africain de notre clinique qui a tenu à être présent, et d'un traducteur. Tous ces hommes autour de moi.

Gel sur mon ventre, échographie, discussions et commentaires dans plusieurs langues, je n'en comprends aucune. Sont-ils inquiets ? Mon mari est là, tendu, à observer les échanges en turc et en russe, attendant les traductions en anglais. Ils n'ont rien trouvé de très probant. Trois jours d'arrêt. Juste pour nous calmer, on avait l'air si nerveux. Les pertes de sang s'arrêtent vite. J'invente une excuse auprès de mon chef pour justifier mon absence, il accepte sans me poser de questions.

Je me repose quelques jours. Tout va bien.

## Juillet 2013

RAS : rien à signaler, calme.
Nausées et grosses fatigues : finies.
Kilos : + 2.
Immense ciel bleu, ici.
Selon le Pernoud : le fœtus fait 6,5 centimètres.
C'est bientôt les vacances.
Gros seins.

## Prémonitions

Vacances – tous ensemble. Avant le départ, j'ai consulté ma gynécologue, une femme kazakhe d'une quarantaine d'années aux nom et prénom imprononçables et que de toute façon je n'arrive pas à retenir. Accueillante et posée, elle m'a plu tout de suite. Après les contrôles nécessaires, elle m'a dit à la fin de la consultation : c'est la meilleure période pour être enceinte, votre corps va se gorger de soleil, de vitamines et de minéraux jusqu'en septembre. Tout cela est très bon pour votre bébé, il sera en pleine santé. La Méditerranée, c'est un climat parfait, et vous allez absorber tous les bienfaits de l'été.

*

C'est l'été, on est en vacances en Turquie, sur la terrasse de la villa avec vue sur la mer, on annonce ta venue à nos deux familles réunies ici. Surprise. Fierté. Joie. Ma maman à moi, elle, le sait déjà. En aparté, elle m'a demandé si je n'étais pas trop fatiguée.

*

Là-bas, en vacances, deux apparitions furtives, comme un présage…

Me voilà en excursion en bateau en direction d'une île aux reflets bleutés. Pas de fatigue, pas de nausées – bien. En mer, sur le pont, au milieu des touristes, cheveux au vent, bien aussi… Tes frères courent partout, grimpent sur les fauteuils du bateau et tripotent les gilets de sauvetage. Moi : accoudée à la rambarde du pont supérieur, je regarde au loin et j'absorbe le bleu, autour. Seize semaines… Je porte cette robe grise en lin que j'aime bien, le ventre déjà dur, un peu chaud, soif aussi, le chapeau de paille et ces lunettes roses Fendi sur les yeux, celles qu'on m'a volées le mois suivant à la piscine centrale d'Almaty. Plus tard, sur mon portable, on regarde les photos qu'on a prises pendant la sortie en mer : ça commence à se voir que je suis enceinte.

On déjeune sous la tonnelle d'un restaurant au beau milieu d'une placette ombragée. À table, on parle encore et encore de la bonne nouvelle, annoncée il y a quelques jours seulement. Tous se montrent pleins de bienveillance à mon égard, surtout que je ne me fatigue pas, tiens, prends ce fauteuil-là, il a l'air plus confortable. Cette grande table: cousins, frères et sœurs, parents, grands-parents, lui, moi et toi, dans mon ventre. Tous: bronzés. Moi: j'ai ce petit quelque chose en plus et je dégage sur la photo cette aura particulière; enfin, c'est ce que je crois. Comme si la révélation de ce « secret » deux jours plus tôt m'avait apporté plus de sérénité. Un sourire paisible, un regard rassuré, le sentiment de me sentir comblée. On est tous là, notre famille réunie ici, en balade sur cette île toute bleue de Méditerranée; et l'année prochaine il y aura un cousin ou une cousine en plus. Sur cette photo, telle que je me vois à ce moment-là, j'apparais comme dépositaire de tout ce bonheur à venir.

Pourtant, sous la tonnelle cet été, une ombre: à table sur ma droite, une famille de trois – des parents et un enfant trisomique, un garçon d'environ 8 ans. J'essaie de ne pas le regarder sans pouvoir m'en empêcher. Ah, quelle chaleur, tout d'un coup, et pas un souffle d'air, j'ai trop mangé, mes yeux se ferment... Je les rouvre peu de temps après, le couple et l'enfant trisomique sont encore là, ils finissent leur dessert, je les regarde à travers mes lunettes de soleil. Non, surtout ne pas les observer avec trop d'insistance, surtout ne pas laisser ces images imprégner mes pensées, mon corps, mon placenta, il ne faut pas que cet enfant me porte la poisse.

Je chasse de mon esprit l'image de cette famille, mais elle revient sans cesse.

Je somnole, confortablement installée dans le fauteuil du restaurant, on est si bien. Quand j'émerge de cette sieste improvisée, la table de gauche a été débarrassée et dressée pour de nouveaux clients. La famille est partie. Comme si elle n'avait jamais existé.

*

Quelques jours plus tard à la piscine, un autre enfant trisomique, encore un garçon, plus grand celui-là, environ une dizaine d'années peut-être ; il barbote dans l'eau, sur ma gauche. Je l'observe, toujours à travers mes lunettes de soleil roses, les yeux mi-clos, depuis la chaise longue ; je lis des magazines que ma mère m'a ramenés de France.

Je pense au bleu de la Turquie. Juste à côté de moi, si proche, dans la piscine, il y a l'enfant trisomique. Puis je pense aux statistiques de grossesse, aux marqueurs sériques[1], au risque de trisomie 21 qui s'accroît avec l'âge de la mère. Alors que depuis quelques semaines j'ai du mal à me concentrer sur des informations de la vie quotidienne, j'ai retenu ces chiffres : l'incidence serait de 1 pour 800 toutes naissances confondues et évolue selon l'âge de la mère (1 pour 500 à 20 ans, 1 pour 900 à 30 ans et 1 pour 100 à 40 ans). Et qu'est-ce qui se passe quand on annonce à une maman qu'elle fait partie du 1 parmi les 100 ? Je n'ai pas pu faire le test des marqueurs sériques à ma clinique VIP

1. Le test des marqueurs sériques cherche à évaluer le risque de trisomie 21 chez le bébé à naître. Il consiste à doser, entre autres, l'hormone β HCG dans le sang de la future mère. On a en effet remarqué que le placenta des enfants ayant une trisomie 21 s'accompagnait fréquemment d'un taux élevé d'hormones β HCG. Aujourd'hui les médecins essayent d'évaluer au mieux le risque, notamment en associant les données de la première échographie (qui mesure la clarté nucale) et les données des marqueurs sériques. C'est ce qu'on appelle le risque combiné. (Source : Laurence Pernoud, *J'attends un enfant*, édition 2010.)

d'Almaty, je le ferai après les vacances à Paris. 38 ans et 1 mois. Statistiquement, je suis une maman à risque et je me rapproche dangereusement du 1. Mais j'ai déjà deux enfants sains. Ça ne m'arrivera pas, à moi.

Dans la piscine, autour du toboggan, l'enfant trisomique joue avec de l'eau. Il éclabousse tout autour de lui et envoie des gouttes un peu partout. Elles scintillent comme de gros diamants, suspendues dans la lumière dorée de cette fin d'après-midi. Il est seul et sourit, il a l'air heureux en jouant. Vite, je détourne le regard. Plus envie de lire mes magazines.

Pas à moi. Gorgée de vitamines, minéraux et soleil de l'été de Méditerranée.

## Plaisirs et désirs d'été

J'ai envie de (te) raconter ici la femme que j'ai été en août 2013. La femme pleine et entière, la vraie femme, sous ses multiples facettes physiques et psychiques.

Cet été-là, je me sens :

encore jeune, pleine d'énergie – y compris d'énergie sexuelle, ça doit être les hormones

impatiente d'être à nouveau maman, c'est pour bientôt, environ quatre mois et demi

forte et fière du troisième enfant que je porte.

Savoir. Oui, savoir. Fille ? Garçon ? Non, finalement ne pas savoir – surprise.

Mon imagination débordante me projette dans l'image de l'enfant que tu seras. On a déjà choisi les prénoms. Magnifiques. Des prénoms bibliques, forts. J'ai envie de les dire à tout le monde. Non, ne pas le dire. Imaginer l'étonnement des parents, des amis. Être fière de ces prénoms pour l'enfant, fille ou garçon. Je préférerais un garçon. En même temps, j'adorerais que ce soit une fille pour qu'elle porte ce prénom magnifique.

Je suis loin d'imaginer ce qui va arriver. À moi, à toi, à nous tous.

Je crois que, cet été-là, je suis une femme heureuse, tout simplement.

*

Après les vacances en Turquie en famille, à cause de problèmes administratifs avec mon visa sur le point d'expirer, je ne peux pas rentrer directement à Almaty.

Détour par Paris où mon séjour se prolonge car la procédure de renouvellement de mon visa de travail traîne à l'ambassade du Kazakhstan, ce qui m'arrange bien.

À Paris aussi, c'est un bel été, plein de lumière, de soleil et de couleurs. Chaud. Je me replonge dans les sensations et les émotions de l'été 2013 : gris des trottoirs des avenues parisiennes, bleu du ciel, rouge des auvents des brasseries sur les boulevards, discussions en terrasse avec les copines, jaune clair de l'Orangina posé sur la table ronde ou vert de la menthe à l'eau sur un dessous de verre Perrier, vert aussi. Paris… les terrasses, les copines, les expos, tout ça me manque tellement, mais là, j'ai bien l'intention d'en profiter pendant mon attente forcée, les démarches auprès de l'ambassade du Kazakhstan semblent plus longues que prévu. Ça fait si longtemps que je n'ai pas vu mes amies pour des tête-à-tête intimes. Et tant de choses à se dire. Dire que, bientôt, je serai de retour chez moi, ici, à Paris, pour donner naissance à mon troisième. Le troisième plus beau projet de ma vie.

Je vais leur annoncer là, quand le serveur nous apportera l'apéro avec les cacahuètes ou les olives.

Au cœur de l'été 2013, mon corps gorgé du soleil de Méditerranée déborde d'énergie et de santé. Rayonnante et en pleine forme, j'adore être cette femme-là.

« Ah, maman, j'aime bien quand t'es comme ça ! Sûre de toi et détendue, un peu comme sur cette photo à la mer...

– Ah, mais tu parles, toi, maintenant ?

– Ben oui, je parle. Je te parle.

– J'aime entendre ta petite voix, mon bébé.

– Non, toi tu parles, moi j'écoute. Je veux que tu me racontes le plus joli moment de notre histoire à tous les deux. Raconte, maman.

– Pst pst... des jolis moments il y en a eu, mais pas beaucoup. Mais tu sais quoi : je crois que j'ai été heureuse, en août 2013.

– Vas-y, raconte-moi ça.

– OK. Je te raconte... Voilà comment j'ai appris à mes amies que je t'attendais... Ah, bien sûr j'avais trop envie de leur révéler les prénoms qu'on avait choisis...

– Tu ne l'as pas dit, hein, tu ne leur as pas dit ?

– Bien sûr que non... »

*

Il y a ces annonces du mois d'août faites aux copines... de beaux moments. Je rejoins chacune d'entre elles quelque part dans Paris, sur les bords de Seine ou au resto, le temps d'un déjeuner, d'un café, d'un dîner ou d'un apéro en terrasse. On ne s'est pas vues depuis six mois, un an, deux ans peut-être. On échange des nouvelles sur le boulot, les enfants, le reste. Très vite la conversation dérive sur le pays étrange et lointain où je vis. Trop de choses à se dire, et si peu de temps, la journée entière ne suffirait pas. On me demande plein de détails sur ma nouvelle vie au Kazakhstan, la neige, les gens, la langue, mais je n'ai pas envie de parler de tout ça. Je vais LE dire, je vais LEUR/LUI dire, là, maintenant !

À chaque fois, cela se passe à peu près de la même manière. Non, elle ne trouve pas que ma taille a forci. Je guette la surprise, la joie, une autre réaction. La révélation à peine faite, elle scrute mon ventre, me félicite, puis toute la batterie de questions qu'on fait aux femmes enceintes et aux futures mamans. Le prénom : c'est secret. Le sexe : on le saura en semaine 20. Date de la naissance prévue vers la mi-janvier. Tu vas accoucher en France ou « là-bas » ? À Paris, bien entendu, à Trousseau, maternité niveau 3, ce qu'il se fait de mieux. Ah, Trousseau, je connais pas, moi j'ai accouché à Port-Royal, très bien aussi, ils ont un service de réanimation et des soins en néonatologie. On se reverra bientôt, alors ! Je viendrai te voir à l'hôpital. Je suis tellement contente pour toi !

J'adore ces soirées d'été en terrasse à Paris. Avec les copines. Il y a des terrasses, « là-bas », au Kazakhstan, et il fait aussi très beau en ce moment, mais ce n'est pas pareil. Tout ça me manque tellement. Allez, un petit verre de rosé, bon d'accord un demi-verre. On se fait un selfie ? Ouais, OK, mais tu le postes pas sur Facebook, hein, je suis énorme. Mais n'importe quoi, ça ne se voit pas. Souris ! Flash. Flash qui éclaire la nuit tombante de Paris. J'aime. On reprend un verre ? Sourires, photos, cacahuètes et apéritif. Joies. Bonheur, plein, même. Moi, ta mère, celle que tu appelleras bientôt maman : je rayonne. J'incarne l'idéal familial dans lequel je me projetais. Me réjouir de les voir heureuses pour moi. Me sentir moi-même heureuse. Ressentir le plaisir d'être une vraie femme dans ma robe légère déjà trop serrée et mes seins durs et gros, une super-maman. Je suis bien.

Bientôt je serai maman de deux garçons et d'une fille. Ou de trois garçons. Suspense.

J'ai aimé être cette femme-là, celle qui a été enceinte de toi. Mon corps plein d'énergie, gorgé de soleil de Méditerranée et de vitamines des fruits d'été. Et de l'ambiance des boulevards les soirs d'été en terrasse, à Paris.

« Raconte !

– Je viens de te le raconter à l'instant !

– Raconte encore, maman…

– Non. Ce qui va suivre, de toute façon, c'est pas pour les enfants. »

*

Tout va bien. Le soleil, toute cette lumière, j'achète des fruits mûrs sur les étals des quelques primeurs encore ouverts, pour apporter des vitamines et des minéraux à mon bébé d'hiver. Insouciance. Légèreté. Soudain, chaleur, chaleur. Je m'allonge. Seule, dans ma chambre de jeune fille chez mes parents. Seule à Paris, dans le 12e arrondissement, en pleine canicule, au cœur du mois d'août 2013. Pénombre, silence, langueur et chaleur. Tiens, j'ai comme l'impression que mon imagination s'emballe. Seizième semaine de grossesse, dix jours loin de lui, fini les siestes à la mer, mon corps le réclame. Sur le lit, je me caresse et, pour passer le temps, je tapote sur mon téléphone des e-mails suggestifs avec lui, mon Italien à la voix chaude, mon mari, mon amant : des mots tendres d'abord, puis très vite des mots crus. Il répond dans la minute, nos échanges sont vifs, instantanés ; il n'est pas censé être au boulot à cette heure ? Je continue ? On dirait qu'il aime ça. Dans grossesse il y a grosse. Ça ne le gêne pas. Mon état hormonal accentue mon désir, je suis excitée de l'exciter autant, alors que je suis enceinte. Lui me voit encore comme l'étudiante aux cheveux longs, quand on s'est rencontrés, des années plus tôt, si jeunes, en Italie. Et la nouvelle femme qui émerge de cette troisième grossesse lui plaît, il me le redit. Je m'étonne de l'effet que je provoque sur lui, à distance, juste avec des mots – ce ne sont que des mots. J'observe mon corps sans comprendre ce qu'il se passe. Sous la peau de mon ventre, tendue et dure, ce petit être qui grandit en moi, depuis quelques heures je n'y pense plus, toute mon attention s'est déplacée ailleurs. Il demande des photos. Pas de mon ventre. J'en clique une avec le zoom de mon téléphone et je la lui envoie.

Du temps passe… seule, dans la pénombre de ma chambre de jeune fille sage. Du temps suspendu, qui flotte dans ce mois d'août étouffant à Paris, comme je les aime. Soudain, j'ai soif. Je me lève lourdement et me voilà dans la cuisine, debout devant le frigo à me verser une citronnade. J'accueille le froid. La boisson fraîche et sucrée descend dans ma gorge, mon œsophage, mon ventre, me rafraîchissant tout en glissant le long de mon corps, presque sous la plante de mes pieds. Je me connecte plus nettement à mes pieds nus sur le carrelage froid. Revigorée, pleine d'énergie, j'ai envie de bouger, tandis que dans la chambre, mon smartphone bipe, bipe, bipe, il m'envoie plein d'e-mails, redemande des photos. Son désir explose, le mien s'est calmé. Pour combien de temps ?

La chaleur est tombée, je vais aller me promener le long de la Coulée verte, le 12e est désert ces jours-ci. Une belle balade à pied, de Picpus à la Bastille. J'adore Paris en août.

## Trop d'honneur !

Je me suis enregistrée à la maternité du 12e arrondissement, hôpital Trousseau, à deux pas de chez mes parents. Date des dernières règles, prise de sang, balance, test pipi, etc.

Première consultation avec un obstétricien de garde en plein mois d'août. Tiens, c'est un professeur qui me reçoit rapidement ce jour-là. Trop d'honneur !

Beau, jeune et bronzé. Il a de l'allure dans sa blouse blanche, ce professeur V. ! M'examine rapidement. M'aide à monter sur le petit lit en Skaï marron, sa main est tiède. Très courtois. Un peu à l'ancienne, pourtant il est encore jeune.

Pourquoi, dans les hôpitaux publics de la ville de Paris, les fauteuils sont soit en Skaï orange soit en Skaï marron ? suis-je en train de penser pendant qu'il m'ausculte.

Votre échographie des 3 mois : illisible. Ah si ! si ! c'est très lisible, c'est juste écrit en russe. Pas trop d'efforts pour comprendre. Voilà la traduction en anglais, professeur V. Non, pas la peine, c'est inexploitable de toute façon. Ah.

On va faire les marqueurs sériques ? Réponse molle… Oui… c'est-à-dire qu'il est un peu tard, vous êtes déjà à la dix-septième semaine, bah, on va les refaire quand même. Les résultats, on vous les envoie chez vous, là-bas ? Vous habitez où, déjà ?

On n'a pas parlé d'amniocentèse. Ou plutôt si. J'ai demandé, il a dit non. On ne la fait pas en France, ce n'est pas systématique, comme en Italie, où les obstétriciens la recommandent dès les 35 ans de la mère. Il jette un coup d'œil sur ma peau dorée (il ne sait pas que mon corps a absorbé tous les bienfaits des vitamines des fruits d'été de Turquie, mais il constate ma bonne mine, parce que ça se voit !). À peine 38 ans, en bonne santé, deux enfants sains. Tout va bien. On se revoit en janvier pour l'accouchement, alors. Oui, je serai là en cas de complications, ou il y aura mes confrères du service obstétrique. D'ici là, bon retour. C'est quoi votre pays, déjà ? Ah oui, le Kazakhstan. C'est où, exactement ? Ah oui, en Asie centrale, très bien, très bien. Gengis Khan, les steppes, tout ça. Loin, dépaysant, quoi.

Je serre la main du professeur V., jeune et bronzé. Je suis bronzée aussi. Je suis fière de ce corps régénéré par le soleil de Méditerranée, qui porte un bébé, qui explose d'hormones ; je me sens à l'aise, très femme devant cet homme en blouse blanche. Nous échangeons des banalités, puisque « tout va bien ». Lui aussi revient de vacances, il était à Belle-Île. Il fait des allers-retours là-bas, l'été, il aime bien.

## Le tableau

Encore Paris, l'été. Mon visa traîne, je l'aurai peut-être la semaine prochaine, enfin j'espère, sinon il faudra que je change mon vol sur KLM. Les enfants me manquent, mon mari aussi, et il y a cette réunion importante prévue à la fin du mois d'août pour préparer le budget de l'année prochaine. En attendant, expos, ciné, tant que je peux. Je retrouve une copine aux jardins du Luxembourg pour voir Chagall. Vert foncé des arbres, ciel bleu bleu bleu encore bleu, il fait chaud, les boulevards sont toujours gris et j'ai mis pour sortir ma jolie robe rouge et blanche rayée, celle avec un petit nœud bleu marine en haut du ventre, devant, celle que j'ai achetée pour la grossesse de mon deuxième bébé il y a un peu plus de deux ans.

Trop de gens à l'intérieur, mais arrêtez de pousser, c'est infernal à la fin ! J'étouffe, mes jambes sont lourdes et gonflées à cause de la chaleur. Je reconnais cette sensation qui me rappelle mes deux premières grossesses, mais là je me sens oppressée. Et crevée. J'ai envie de sortir d'ici, de m'asseoir, de discuter avec mon amie et de respirer la chlorophylle des jardins. Je continue à avancer à petits pas, on me presse encore. Ah ! c'est insupportable tout ce monde, on voit à peine les toiles, mais les couleurs sont si vives qu'elles semblent éclairer la pénombre des salles d'exposition. Soudain, mon regard se porte vers un tableau devant lequel il y a moins de monde, seulement trois ou quatre personnes… je vais pouvoir l'admirer dans le calme sans être bousculée. *Le Roi David.*

Une œuvre aux dimensions monumentales, au moins deux mètres de haut. Une peinture puissante, colorée, au pouvoir presque magnétique, qui m'entraîne là-bas – on dirait le Sinaï – auprès du roi David. Son corps massif, protégé par un grand manteau grenat, domine la composition, et il veille sur un environnement hostile, presque lunaire. Je suis attirée par la majesté du personnage, sa force aussi. Et comme par un effet magique, je me sens happée par les couleurs et la lumière de la toile, entre rêve et imaginaire.

À la boutique, j'achète deux cartes postales identiques de cette œuvre. Pourquoi deux ? À qui je compte l'envoyer ? Je ne sais pas encore. J'aime ce tableau, c'est tout.

*

L'une des deux cartes achetées ce jour-là est restée dans le dossier que j'ai conservé sans l'ouvrir, jusqu'en août 2017. L'autre, elle est partie avec toi, avec un mot manuscrit de moi en français et un de ton papa, en italien.

*

Marco veut qu'on me fasse une amniocentèse, 38 ans, t'es potentiellement à risque, c'est comme ça qu'on a fait en Italie pour le deuxième, pourquoi il ne te l'a pas prescrit, ton professeur ? J'ai rappelé plusieurs fois la secrétaire du professeur V. Il doit être en vacances, j'insiste, elle me fait rappeler par lui : il n'est pas d'accord pour pratiquer cet examen invasif et inutile dans mon cas, enfin ce n'est pas à votre mari de décider. J'insiste encore. Pour expédier la chose, il me suggère d'aller à l'Hôpital américain de Paris, à Neuilly-sur-Seine, faire un test sanguin qui remplace l'amniocentèse, une technique soi-disant révolutionnaire. Sa secrétaire me transmettra une ordonnance. Il n'a pas envie de s'embêter pendant ses vacances, plus facile de m'envoyer balader ailleurs, dans un autre hôpital.

J'arrive et je repars de l'Hôpital américain en taxi et aujourd'hui, je revois le film de cette journée en trois couleurs : vert, orange et blanc. Les façades en pierre blanche des immeubles chics de Neuilly, les grandes avenues verdoyantes, la belle salle d'attente orange où je signe et remplis plein de papiers. Coût de l'examen : 1000 euros quand même. L'obstétricien me donne des détails : il s'agit d'un dépistage prénatal non invasif par l'analyse de l'ADN du fœtus via le sang de la mère. Il permet de détecter les trisomies 13, 18 et 21 et les anomalies des chromosomes sexuels X et Y.

« Attention, m'explique le médecin à l'air peu soigné, cet examen ne repère pas la trisomie en mosaïque[1] dont

---

1. La trisomie en mosaïque est une anomalie chromosomique définie par la présence d'un chromosome surnuméraire dans certaines cellules de l'organisme. L'anomalie a lieu après la fécondation et se produit lors des divisions somatiques de l'œuf. L'enfant possède deux catégories de cellules : les unes normales, les autres présentant une trisomie. La gravité des symptômes est variable mais, dans l'ensemble, ces enfants sont moins atteints que ceux présentant une autre forme de trisomie. (Source : www.orpha.net, le portail des maladies rares et des médicaments orphelins.)

peuvent être atteints certains enfants. C'est écrit ici, lisez et signez en bas de la page. (Il est nettement moins attrayant que le majestueux professeur V., suis-je en train de penser. Allez, on se concentre un peu.)

– Trisomie en mosaïque ?

– Pas d'inquiétude, c'est très rare, voyez-vous, dit-il, rassurant.

– Comment ça, très rare ?

– Disons que c'est un peu comme gagner au loto, ça n'arrive pratiquement jamais.

– Ben pourquoi vous me dites ça, alors ? » (Non, je ne lui réponds pas ça, même si j'aurais bien aimé... j'écoute distraitement ses explications.)

Je rejoins une infirmière dans un autre bureau pour le prélèvement sanguin. Elle m'invite à monter sur le haut fauteuil en Skaï, orange aussi.

Aïe ! Ça pique, le garrot qu'on serre autour de mon bras me stresse, j'ai horreur des prises de sang. En détournant la tête, je tombe sur des faire-part de naissance bleu ciel et roses punaisés sur un tableau en liège. Gaspard, Emma, Gustave, Chloé. Des bébés minuscules, aux yeux fermés, nés entre 2011 et 2013. Et moi, mon carton de naissance, de quelle couleur sera-t-il ? Et à qui je l'enverrai ? Attente et surprise... On verra bien. La prise de sang est finie, aïe, l'alcool me pique, je descends du siège en Skaï orange. J'ai faim.

Je ne le sais pas encore ; mais là, je viens de gagner au loto.

## Y

Pour ton frère aîné, je voulais une fille, j'ai eu un garçon.

Pour ton deuxième frère, j'ai mis longtemps à demander le sexe de l'enfant, j'ai attendu les résultats de l'amniocentèse qu'on m'avait recommandé de faire. Je ne savais pas trop, les deux m'allaient.

Pour toi, je voulais un garçon et j'ai eu un garçon.

Le rapport d'étude chromosomique de l'Hôpital américain arrive par e-mail, un soir de la fin août.

Chromosome Y. Pas d'anomalie chromosomique. XY. Tout va bien.

*

Je suis rentrée à Almaty, visa et permis de travail en bonne et due forme. Je reprends le boulot après plus d'un mois de vacances, le ventre plus gros, la peau toute dorée. Je l'annonce à mon chef qui me félicite avec sincérité. Il est lui aussi l'heureux papa de trois enfants – trois filles. Moi, je serai la mère de trois garçons nés en 2010, 2011 et 2014. Je pense à la layette que je dois mettre de côté, il est bien trop tôt pour s'occuper de ton trousseau, tu n'arriveras qu'en hiver, mais planifier ces trucs-là occupe l'ennui de l'attente.

Très peu de choses de tes frères, nés en été, pourront t'aller… Ah ! si, il y a ce petit gilet bleu ciel en cachemire offert par ma sœur pour mon aîné. Il a vomi dessus, la tache n'est jamais partie. Je le laverai à la main plus tard. Et ce pyjama en laine couleur ivoire de la marque Petit Bateau, taille trois mois, acheté par ma mère à ton frère cadet ? Oui, celui-là t'ira bien.

## Ton prénom

Au début je n'aimais pas trop. C'était une idée de papa, un prénom qu'il a toujours eu en tête et qu'il me propose à chaque grossesse. Pour ton frère aîné, j'avais déjà dit non.

Pour ton deuxième frère, j'avais écarté cette éventualité plus vigoureusement encore. Et puis, pour ma troisième grossesse, je reconsidère sa proposition. Et j'adore ce prénom. D'un coup.

Pour l'aîné, ça s'était passé dans un restaurant chic avec petites bougies sur la table, sur une plage où on dînait les pieds dans le sable. Pendant ces vacances sur une île dans l'océan Indien, j'avais eu des nausées qui me rendaient de mauvaise humeur, mais ce soir-là j'allais bien. Il avait prononcé quelques prénoms de fille, de garçon, plutôt dans un registre classique. Il avait aussi mentionné ceux de mes grands-parents. J'avais refusé. Et j'avais dit : « Paul », que je venais de lire dans un roman qui m'avait plu. Un prénom simple, court, à la fois français et anglais, j'aime bien cette ambivalence linguistique. Il avait dit oui à Paul. Le choix du prénom de ton frère, notre premier enfant, a été réglé en cinq minutes, pas plus de six prénoms échangés, trois pour les filles, trois pour les garçons. Sans débat. On était d'accord, tout de suite. Je regrette même qu'il n'y ait pas eu plus de discussion.

Bon, très bien, une fois les prénoms choisis, il fallait que je sache. Pour moi la grossesse et la maternité, c'était trop abstrait. À l'échographie morphologique, le gynécologue, un médecin hospitalier un peu bourru avec lequel je n'avais pas vraiment accroché, m'avait demandé si je voulais connaître le sexe, j'avais accepté sans hésiter, impatiente, comme pour calmer l'anxiété de l'attente. J'étais venue seule, Marco était trop absorbé par son nouveau job.

« Alors, ce bébé, comment va-t-il s'appeler ?

– Ce sera Rachel, pour une fille.

– Et pour le garçon ? Vous avez bien un prénom de garçon ? »

Je le lui avais dit, un peu à contrecœur, et, sur l'écran d'échographie, il avait écrit « Paul ». Avec la souris, il m'avait montré le petit pénis de l'enfant.

Pour ton deuxième frère, nous visitions un site archéologique dans la vallée du Gange, en plein cœur du Madhya Pradesh, à la douceur d'un coucher de soleil : le lieu et le bon moment pour aborder la question du prénom de garçon, puisque pour une fille on l'avait déjà. Une nouvelle fois, ton père me suggère celui qu'on a choisi pour toi, une nouvelle fois je refuse. Après quelques échanges, je prononce celui que j'avais en tête, un prénom qui s'orthographie presque de la même façon en français, en italien, en anglais et en russe. Un prénom international, à notre image. Nicolas. Il dit oui. Le temps de faire le tour du site et de prendre quelques photos, de s'imprégner de tous les bienfaits des vibrations indiennes, on avait choisi. J'entends encore le bruit des pas sur le gravier, je sens encore la douce tiédeur du soleil sur ma peau et la lumière rosée autour de nous. Cette mini-discussion avait duré quinze minutes.

À la tombée de la nuit on a déposé quatre offrandes composées d'œillets jaunes, de feuilles de palmier et d'une mèche allumée dans de l'huile de noix de coco, celles que les hindous laissent flotter sur l'eau. On a regardé les petites flammes vaciller et s'éloigner sur la rivière sacrée. L'enfant à venir était déjà en Inde avec nous. Sans attendre que les offrandes disparaissent dans les remous de l'eau, on a longé le fleuve en se tenant la main, laissant les quatre petites flammes poursuivre leur chemin. Quelques semaines plus tard, quand les résultats de l'amniocentèse sont arrivés par courrier, j'ai vu Y sur le caryotype. Caryotype normal. Bonjour, Nicolas. On t'attend.

Pour toi, cet e-mail m'arrive un soir de la fin août, on est dans le bureau de l'appartement, à trafiquer un truc sur l'ordinateur. J'ouvre la pièce jointe de l'Hôpital américain : chromosome Y. Le reste, tout est normal.

Avec Marco, on se regarde, on se félicite, on est fiers de nous : trois garçons ! Il propose encore David.

« Le roi David. C'est un personnage puissant, majestueux. J'aime bien ce prénom.

– Oui, tu as raison… c'est pas si mal.

– David… Le David de Michel-Ange, de Florence, où tu as habité quand on s'est rencontrés…

– Et le David du Prado à Marseille, aussi… »

Ces images et ces associations d'idées me plaisent : avoir vécu dans deux villes où il y avait un David. Et ce prénom biblique. Cette image de force et de majesté du roi David. Le David de la Piazza della Signoria. Sa réplique face à la plage du Prado à Marseille. Puis je pense à ces deux cartes postales du David de Chagall, rapportées de Paris.

Ce prénom, David, s'impose alors comme une évidence.

## Caresse sur ma peau

C'est l'un des plus jolis moments de ma grossesse, comme la caresse du soleil de cette fin d'après-midi, de la fin de l'été, aussi. C'est le souvenir que je chéris le plus et j'aimerais pouvoir transmettre la douceur de ce moment avec ces mots.

Sur les bords du réservoir artificiel, à Kapchagaï, à 50 kilomètres d'Almaty.

Sable gris, humide. Jouets de plage colorés, éparpillés partout autour de nous.

Tes frères les pieds dans l'eau, ils babillent, rient, tombent, se relèvent, crient, s'éclaboussent et jouent.

Ma robe grise en lin et en jersey que j'adore et mes lunettes de soleil roses.

Mon ventre rond. Ça se voit, maintenant. Toi dedans. Les clapotis de l'eau. Et ce soleil, orangé – doux.

À ce moment-là, je pense : trois enfants, trois garçons. Est-ce que je vais y arriver, « avec trois » ? Je refais le compte à rebours, du 4 septembre au 14 janvier. Encore quatre mois. Plus que quatre mois. C'est long. On est seulement tout début septembre. C'est un bel été, qui se poursuit, on pourra espérer encore de belles journées, tièdes et ensoleillées, jusqu'à la fin octobre, avant l'arrivée soudaine de la neige. Deux mois à tenir ici, puis décembre, congé maternité à Paris. Mon corps est-il suffisamment gorgé de soleil et de vitamines, comme a dit la gynécologue ? Oui : teint superbe, en pleine forme et bronzée !

Quand je serai en France pour préparer la naissance et t'accueillir, cette plage sera recouverte de neige et les bords du réservoir de Kapchagaï seront gelés. À peine né, il faudra que je m'occupe de tes papiers d'identité, de ton visa pour revenir ici, au Kazakhstan. Est-ce que tu ouvriras les yeux pour la photo du passeport, ou tu dormiras tout le temps comme ton frère ? Je pense à tous ces détails pratiques pendant qu'un des enfants mange du sable. Je me lève lourdement. Allez, allez, les garçons, il est temps de rentrer à la maison pour le bain.

Ce dimanche tire à sa fin.

Dans la voiture sur le chemin du retour, côté passager, je ferme les yeux, je suis bien : nous quatre presque cinq. Mes deux garçons à l'arrière se sont assoupis, leurs petites mains potelées tiennent fermement une pelle bleue en plastique pour l'un, un tracteur jaune pour l'autre ; Marco conduit, la lumière illumine sa peau. La mienne brûle, j'ai pris trop de soleil, je m'endors. Le rayonnement pourpre caresse mes joues et mon front, me transmettant une énergie sereine. Un autre garçon. J'ai hâte de le/te connaître.

C'est pour bientôt, on est à deux jours de l'échographie morphologique du 6 septembre 2013.

## Annonce

La première fois qu'elle m'a reçue dans son cabinet, elle m'a dit qu'elle ne parlait pas bien anglais et a demandé au mec de l'accueil de l'assister pour la traduction. Devant lui, j'ai dû débiter mes choix de contraception, les dates de mes dernières règles et des rapports sexuels non protégés et puis, bien sûr, lui donner des détails sur mes précédents accouchements par césarienne. Il traduisait en russe. Par la suite, elle a conduit les consultations toute seule, en anglais, en tête à tête avec moi. Heureusement, car discuter de mes trucs intimes devant ce boulet de la réception, ça me mettait mal à l'aise, surtout que, dans un autre contexte, je m'étais embrouillée deux trois fois avec lui pour des factures ou des rendez-vous.

Marco n'était pas venu aux échographies morphologiques de tes deux frères, cela m'avait déçue, je voulais moi aussi ma part de mièvrerie. Tu sais, cette échographie dite du cinquième mois, c'est cette scène un peu tarte qu'on voit dans les films : un papa et une maman qui se tiennent la main bien fort en fixant l'écran, l'air inquiet, la larme de bonheur qui coule et la blouse blanche qui rassure tout ce petit monde avec bienveillance. Ils préfèrent ne pas savoir le sexe de l'enfant, ils sont émus, maman pleure, papa essaie de garder de la contenance, enfin tu vois ce que je veux dire.

Pour ton frère aîné, à l'hôpital de Milan, rien à signaler, je voulais juste savoir – fille ou garçon –, sans trop me préoccuper du reste. Complètement inconsciente de l'importance de cette échographie, alors que c'est le moment où le médecin prend le plus de temps et traque tout un tas de saloperies et de malformations fœtales... Pour ton frère cadet, l'examen a été réalisé d'une main habile, mais de façon tout à fait désinvolte par cette gynécologue super sympa qui m'appelait « *Tesoro* » ou « *Cara*[1] ». Elle scrutait l'écran tout en discutant au téléphone avec une copine ou une collègue dont elle semblait proche. Le tout, l'examen et sa conversation personnelle, avait duré longtemps. J'avais été gênée qu'elle soit collée à son portable au lieu de se concentrer sur mon ventre, puis je me suis sentie soulagée quand elle m'a dit, en articulant bien : « *Tesoro, tutto bene*[2]. » La bonne humeur et l'optimisme de ce médecin m'avaient toujours réconfortée. Après tout, chacun son style.

Pour toi, il y a eu la fringante docteur Zharkanaï, gynécologue obstétricienne exerçant deux jours par semaine dans la clinique privée parallèle à l'avenue Dostyk, et visitant le reste du temps l'hôpital municipal numéro 12 d'Almaty. Quelques mois d'études au Canada ou au Royaume-Uni, disant comprendre « un peu d'anglais ». À notre première rencontre avant l'été, c'est surtout le sourire et l'allure élégante de ce médecin qui m'avaient mise en confiance : une femme grande, mince, encore jeune, aux cheveux coupés court, noirs. J'aime bien le docteur Zharkanaï. À la clinique, à la réception, les infirmières et ses patients, tous l'appellent par son prénom, d'origine kazakhe. Son nom de famille est tout simplement

1. « Trésor » ou « ma chère ».
2. « Tout va bien, trésor. »

imprononçable et impossible à mémoriser. Zharkanaï, j'ai déjà eu du mal à me souvenir de ce prénom-là.

Pour l'échographie morphologique des cinq mois de notre troisième fils, cette fois Marco m'accompagne. Et je me souviens encore mot pour mot ce qu'on s'est dit juste avant la consultation. Il est 8 h 45, on est pressés. Ou plutôt je suis pressée. J'ai rendez-vous avec mon chef à 10 h 30. Une heure d'échographie environ, il me restera trente minutes pour rejoindre le bureau, si la gynécologue n'est pas en retard et s'il n'y a pas de circulation au croisement des avenues Satpaev et Dostyk, il y avait des bouchons tout à l'heure. Je pense à ce genre de trucs. On est arrivés en avance et on patiente sur le parking de la clinique, dans la voiture, fenêtres grandes ouvertes.

« On est des vieux routards de l'échographie maintenant, me dit-il.

– Ouais... Je vois M. à 10 h 30 pour préparer mon évaluation de milieu d'année. J'espère que j'aurai mon bonus cette année, même si je suis en congé maternité à partir de novembre.

– Ne pense pas à ça maintenant !

– Ben à quoi veux-tu que je pense ? Je te dis que j'ai rendez-vous avec M. C'est important pour moi.

– Tu sais, le plus important en ce moment, c'est que le bébé aille bien.

– ... »

Je ne réponds rien, je suis étonnée par ce qu'il vient de me dire. Et pourquoi n'irait-il pas bien, ce bébé, d'abord ? Aujourd'hui, en écrivant ces phrases, je me demande pourquoi nos réflexions sont si insignifiantes, juste avant que ne se produise l'impensable.

9 h 15 – le docteur Zharkanaï nous reçoit dans son bureau clair au premier étage de la clinique. Elle me fait passer derrière le paravent pour me déshabiller, Marco m'aide à monter sur le petit lit, un drap en papier tout propre a été étendu. Le docteur est affable, on parle des vacances, de la Turquie, de la rentrée des classes, puis elle commence l'échographie. Elle commente au fur et à mesure ce qu'elle voit à l'écran, avec des mots simples, tout en regardant un mémo posé à côté d'elle, avec les étapes techniques et le protocole de l'examen. La machine est presque neuve, donc elle n'a pas encore enregistré beaucoup de données, m'explique-t-elle. Elle est consciencieuse, humaine, et nous rassure, toujours d'une voix posée. Je trouve qu'elle parle bien anglais, avec ce très léger accent oriental qu'ont les Kazakhs. Pourquoi a-t-elle fait tant d'histoires, à la première consultation ? Elle m'examine, passe l'embout de droite à gauche sur mon ventre. Elle le repasse dessus, dessous, lentement.

Depuis plusieurs minutes, le docteur Zharkanaï me fait prendre des positions bizarres sur le minuscule lit d'échographie, elle insiste pour que je m'allonge sur le côté gauche, puis sur le droit, puis encore sur le gauche. Le fil de son embout racle le gel d'échographie étalé sur mon ventre, elle en remet, elle appuie avec son embout, encore. Elle parle moins. Elle se penche sur moi, allongée sur le flanc gauche, pour passer de nouveau l'embout sur le côté de mon ventre. Je sens son corps sec et tiède sur ma hanche, à travers sa blouse blanche en coton trop épais, brodée à son nom en lettres cyrilliques bleu marine. Elle n'a pas chaud avec cette lourde blouse ? On est déjà le 6 septembre, mais c'est encore la canicule dehors. Remettez-vous sur le dos, voilà. Je froisse le drap en papier en me retournant. Elle remet un peu de gel (elle a dû utiliser la moitié du tube depuis tout à l'heure, il est presque vide). Elle presse de nouveau le tube pour faire sortir le gel et insiste fort avec l'embout de son appareil par endroits. Ses gestes sont fermes, sa voix, elle, reste posée : je n'ai pas bien vu sa bouche, je dois repasser encore une fois, voilà, tournez-vous encore de l'autre côté. C'est long. Pas d'impatience, donc, l'échographie morphologique est la plus complète et la gynécologue doit prendre le temps qu'il faut.

L'enfant s'est retourné, elle ne voit pas bien.

« On va devoir attendre un peu. Allez faire quelques pas dehors sur le parking et revenez dans vingt minutes, l'enfant aura changé de position et je pourrai poursuivre l'examen.

– Je dois manger quelque chose de sucré pour le faire bouger ?

– Non, ce n'est pas la peine, enfin, sauf si vous avez faim. À tout à l'heure. »

Il est déjà 10 heures.

*

Aujourd'hui, je crois que le docteur Zharkanaï avait très bien vu ce qu'il y avait à voir, mais elle a utilisé ce prétexte pour nous faire sortir de son bureau, sans doute pour téléphoner à un collègue ou examiner les clichés dans le calme. Pour être sûre.

*

Lit, re-gel sur mon ventre, embout, c'est reparti. Ça dure encore longtemps. Il est 10 h 30. Zut, je n'ai pas mon portable à portée de main, j'aurais dû envoyer un texto à mon chef, je serai en retard au rendez-vous sans l'avoir prévenu, pour un entretien d'évaluation, c'est mal parti. Et mon bonus de fin d'année ? Pourquoi je pense à ça maintenant ? Elle fait une pause pour allumer l'air conditionné, et là, je commence à avoir froid sur ce lit, le ventre à l'air, le gel… et je trouve que ça dure, ça dure…

« Retournez-vous, voilà, comme ça. » Le docteur Zharkanaï ne parle plus, elle a l'air concentrée. Peu expressive, elle semble faire des efforts pour afficher un visage vierge de toute émotion. C'est très asiatique tout ça. Pourtant je la connais, elle est chaleureuse et très souriante, même si elle garde une certaine réserve dans toute chose, comme la plupart des gens d'ici.

Aujourd'hui, en écrivant et en me replongeant dans l'atmosphère et les sensations de ce moment où ma grossesse a basculé, je revois avec précision le visage de cette femme mature, encore belle, aux cheveux courts, très foncés, à la carrure mince dans sa blouse blanche, trop épaisse pour cette chaleur de la fin de l'été. Je me souviens de l'infime expression qui a traversé son visage tandis qu'elle poursuit l'examen avec le plus grand calme. À un certain moment, de manière imperceptible, quelques rides du front se forment et elle plisse très légèrement les yeux en fixant l'écran. Elle continue, puis, après de longues minutes, elle m'explique, lentement, en articulant bien : « Alors voilà, le bébé a une fente labio-palatine, vous comprenez ce mot en anglais ? J'espère que je le prononce bien. »

Non, je ne comprends pas. Marco est à côté de moi, silencieux, il se met à tapoter à toute vitesse sur son portable. Je le regarde bouche bée, elle continue à m'expliquer, lentement, en choisissant ses mots en anglais. Elle passe son doigt fin sur ses propres lèvres pour me montrer, elles ne sont pas maquillées. Elle a juste mis un léger fard rose tendre sur ses paupières. Doucement, elle redit le mot en anglais : une fente labio-palatine. C'est une sorte de malformation, vous voyez.

Il va falloir faire des examens complémentaires, cet appareil n'est pas assez précis. Ne vous inquiétez pas. Peut-être que je me suis trompée, je préfère vous conduire moi-même à l'hôpital de la Mère et de l'Enfant, sur l'avenue Dostyk. Là-bas il y a des machines plus sophistiquées et des spécialistes des malformations fœtales, je les connais, ce sont les meilleurs médecins du pays. Peut-être que j'ai mal vu. Nous allons vérifier. Vous savez, ce type de problème se soigne plutôt bien, de nos jours. Ne vous inquiétez pas, je serai là, avec vous.

Elle a bien parlé de malformation. Deux fois. C'est tout ce qu'a retenu mon esprit embrouillé.

*

Entre les annonces en fanfare de ta venue auprès nos familles et des amis et celle de ce diagnostic encore imprécis par la fringante docteur Zharkanaï, il s'est passé un mois. On est le 6 septembre 2013, c'est bientôt la fin de ce bel été pendant lequel mon corps s'est gorgé des bienfaits du soleil, des vitamines et des minéraux.

Je suis à vingt-trois semaines d'aménorrhée ou vingt et une semaines de grossesse.

## Un mauvais rêve

Pendant les premières heures qui suivent la découverte de la malformation, on passe par des états de panique, de révolte, d'abattement, de rage, d'inaction et d'actions compulsives et désordonnées. Vite Internet, mon meilleur ennemi. On tape « fente labio-palatine ». Google sort des images de bébés qui ressemblent à des monstres.

Fente à gauche, fente à droite, sur les deux côtés.

Pire : bourgeon de chair au milieu des lèvres.

Bébés asiatiques déformés.

Bébés caucasiens déformés.

Nez tordus.

Des enfants minuscules, quelques mois peut-être, des nouveau-nés aux yeux fermés.

Lui, Marco, collé devant l'ordinateur, a tapé le mot en anglais. D'autres images s'affichent sur son écran, on les compare, ce ne sont pas les mêmes bébés ni les mêmes photos, mais les enfants sont tout aussi monstrueux, c'est bien simple : ils n'ont pas de forme humaine. Non, ce n'est pas possible, je ne donnerai pas naissance à une de ces horreurs. Moi, je me mets à hurler comme une folle. Faut que ça sorte. Ce cri va extirper le mal hors de mon ventre. Je marche, incapable de rester assise sur le canapé, je tourne, je tourne, je tourne autour de la table basse du salon, je tourne, je tourne encore comme un animal en cage, comme une insensée.

Il reste enfermé dans le bureau, là où, il y a quelques mois, je lui ai tendu le test de grossesse dans le papier cadeau coloré. C'est ici même, il y a trois semaines à peine, qu'on a vu sur le rapport chromosomique la lettre Y : ce sera un autre garçon. Il fait toujours un peu sombre ici, à n'importe quelle heure de la journée. Aux murs, on a accroché des tableaux, qui ne sont pas bien mis en valeur à cause du manque de lumière. Aujourd'hui encore, cette pièce se trouve dans la pénombre, comme si un voile de brouillard couvrait la luminosité de septembre. L'écran lumineux, lui, brille comme une boîte maléfique et menaçante qui contient des images épouvantables. J'aurais dû faire l'échographie morphologique deux ou trois semaines avant, quand j'étais encore à Paris pour mon visa et puis et puis et puis… des milliers de suppositions dans ma tête…

13 heures : l'idée d'un avortement traverse mes pensées, confuses et embrouillées, alors qu'il y a à peine quelques heures, à 9 h 30 précisément, je grimpais sur le lit d'échographie sans me douter de rien. Pourquoi je pense à ça ? C'est sordide. Non, ce n'est pas possible. La représentation de « la famille idéale, la mienne » vient de se décomposer devant la violence extrême de ces photos vues sur Google.

À cet instant, mon corps se détache de mon esprit. Je suis en train de vivre dans la quatrième dimension, une réalité parallèle dont je ne suis PAS la protagoniste, c'est un mauvais rêve et bientôt, quand je me réveillerai, tout sera fini. Je me vois alors depuis le ciel, distanciée, comme si j'étais en montgolfière au-dessus de mon immense salon. Il y a du parquet marron clair avec une table basse en verre, un canapé bleu marine, un tapis turquoise et il y a cette femme de trente-huit ans. Elle porte une robe d'été colorée, les cheveux châtains – faudrait qu'elle se refasse un balayage blond aux racines. Taille 40 bien tassée, allez plutôt du 42 à cause de la grossesse, le ventre rond, bien visible. Cette femme enceinte ce n'est pas moi. Ce n'est pas moi qui porte ce monstre en moi.

Si, c'est moi. Je suis cette femme.

13 h 45 – je vais me faire réchauffer la quiche de la veille et je propose à Marco de me rejoindre dans la cuisine pour déjeuner. Il continue à fixer l'écran de l'ordinateur sans me répondre. Pas le courage de m'approcher de lui, ne pas chercher à savoir ce qu'il lit sur Internet. Je ne veux pas qu'il me regarde, qu'il me touche, je me sens sale de l'intérieur. J'ai faim, je mange, donc.

## Une balade en enfer

Les premiers jours qui suivent l'annonce de ta malformation, les pensées défilent, j'émets des hypothèses dans tous les sens. La douleur est omniprésente, aussi. Aujourd'hui on est à Paris, en juin 2017. Assise à la terrasse d'une brasserie de la rue Montorgueil, bien loin du Kazakhstan où j'habitais quand j'ai vécu ces événements, j'écris sur toi. J'essaie de reconstruire ce parcours thérapeutique en même temps que mon état d'esprit de ce mois de septembre 2013, entre accablement et rage de me battre pour toi.

Je suis trimbalée d'hôpitaux en cliniques. Je ne comprends rien, ils parlent tous russe ici. Ces jours-ci sont :

pleins d'échographies

pleins de prises de sang

pleins de déshabillez-vous.

Je suis une étrangère, une « expat de luxe », et à ce titre, pendant ces rendez-vous médicaux, on me traite avec moins de rudesse que les autres. Pourtant ces médecins m'impressionnent avec leurs visages fermés et inexpressifs… Les gens d'ici ne sourient pas beaucoup ; la fringante docteur Zharkanaï serait donc une exception. Je n'essaie plus de faire l'effort de comprendre ce qu'on me dit en russe, j'attends qu'on me traduise à la fin de l'examen, espérant la bonne nouvelle, un improbable « on s'est trompés ».

Bec-de-lièvre. Quelle horrible expression, je ne VEUX PAS de ça pour toi. De nos jours on ne dit plus « bec-de-lièvre », mais « fente labio-palatine ». Grâce à Internet, mon meilleur ami, que je consulte jour et nuit, je me fais une culture sur cette malformation : les fentes peuvent être à gauche, à droite, bilatérales, asymétriques, plus ou moins profondes, exactement comme Google me l'a montré. Fente labio-palatine... Je répète ces mots pour me les approprier et visualiser ce que sera ma vie avec un enfant déformé. Un gros trou dans ton tout petit visage. Pourquoi à moi ? Pourquoi à toi ?

*

Je passe les nuits encore tièdes de septembre sur le canapé, à pleurer ou à lire des articles et des témoignages mal écrits sur des forums ou des blogs. J'ai trouvé des associations, en France et en Italie, qui aident des enfants atteints de la même malformation. En parcourant tous ces sites, un monde inconnu se révèle à moi. Je n'en soupçonnais pas l'existence... Je tombe sur plusieurs groupes Facebook de parents italiens qui ont des enfants « comme ça ». Leur vie défile, sous mes yeux, dans le fil d'actualité, et j'y ai accès, comme si j'en faisais moi aussi partie, je pourrais « liker » et commenter si je voulais : on se félicite pour une première opération réussie, une fente fermée et quelle cicatrice magnifique ! Encore une prouesse d'un certain Dottore Marcellini, de l'hôpital de Pise...

On s'invite à un pique-nique interhôpitaux pour la grande journée de la fente labio-palatine de Toscane.

On s'échange des « messages en privé » pour la recherche d'un orthophoniste à côté de Bologne.

On souhaite un joyeux anniversaire à tous ces enfants aux visages abîmés, etc.

Il y a donc des parents qui vivent ça au quotidien et qui partagent questions, petites ou grandes victoires, expériences et bonnes adresses contre la malformation.

La nuit, vers quatre heures du matin, je me lève pour aller scruter ces groupes Facebook : je reconnais à présent certains enfants et leurs parents, j'inspecte les photos d'anniversaire, de Noël, des vacances, des promenades en forêt ou à la plage. Entre les posts et les commentaires des membres du groupe se dessine le combat contre la malformation et tous les troubles annexes. C'est dur, pourtant parents et enfants sourient sur ces photos diffusées sur les réseaux sociaux : ils ont l'air normaux et vivants. Et après quelques nuits de voyeurisme digital, ces enfants, je finis par leur trouver un visage humain. Je n'ai pas dit beau, mais humain. Je suis attendrie : leurs grosses joues de bébé, leur regard, leurs bourrelets sur les cuisses, la peau tendue sur leurs lèvres escamotées quand ils sourient, leurs cheveux fins ou bouclés, leur nez très légèrement de travers.

J'imagine ma future vie : toi aussi tu seras comme ça. Ces parents y arrivent, malgré tout. Donc nous aussi, on y arrivera. Et on postera sur Facebook nos photos de toi/de nous en vacances sur les bords de l'Adriatique. On te « likera ».

*

Je cligne des yeux dans le noir pour mieux lire mon portable, puis, à l'aube, épuisée, je m'endors affalée sur le canapé. Mais voilà qu'il est déjà l'heure de se lever, de préparer le petit déjeuner, d'accompagner les garçons à la crèche, de courir au travail pour expédier des affaires courantes, de faire semblant de s'intéresser aux problèmes logistiques avec ce client. Vite, vite, retourner à mon bureau après cette réunion inutile où je n'ai rien écouté, et surtout... continuer à lire cet article médical...

Je dévore tout ce qui me tombe sous la main à propos de la malformation : des rapports médicaux d'hôpitaux francophones, des notes d'étudiants en médecine qui ont fait leurs recherches sur ce sujet. En tapant « fente labio-palatine », Google me propose des thèses des universités de Louvois, de Bamako, de Montréal, de Lausanne, de Bruxelles. Très peu de publications disponibles des universités françaises : pourquoi ? Je lis en italien, en français, en anglais, je recoupe les informations et les techniques chirurgicales.

Cette accumulation de documents que je comprends à peine me rassure : je m'approprie la malformation, elle est connue, répertoriée, on sait la soigner. On répare, on recolle. La main de l'homme sait intervenir sur une gueule cassée, même minuscule. Tu seras ma gueule cassée et je te protégerai avec encore plus d'amour. Ça, je le sais, j'en suis convaincue et c'est bien la seule chose qui me fait tenir. Cette certitude d'y arriver, cette énergie que je déploie pour me battre pour toi me rendent plus forte dans mon nouveau rôle de mère d'enfant handicapé.

Je caresse mon ventre et tu es là.

*

Entre les nuits sans sommeil, il y a les soirées passées avec lui, côte à côte sur le canapé, à lire en boucle des trucs sur Internet, pour se renseigner sur comment te réparer. Mon mari se tait, il étudie le dossier, échafaude un grand plan familial contre la malformation, on va tout réorganiser et prendre un congé sabbatique pour soigner notre troisième fils. Chacun lit sur son écran les solutions médicales, les protocoles d'opérations et de soins. Nos yeux, notre imaginaire s'imprègnent de plus en plus d'images de ces bébés déformés par une fente. La fente. Le mot fait déjà moins peur. Nous intégrons progressivement l'idée. C'est pas si grave après tout. Et puis on va planifier et mettre en œuvre un plan d'action. PLAN D'ACTION, assorti de son RÉTROPLANNING. C'est parti !

Trois opérations, tous les trois ou quatre mois, ça nous amènera à tes 18 mois, à l'été 2015. J'espère que tu t'en remettras bien, entre deux interventions, faudra que j'intercale aussi les vaccins. Je les ferai à Almaty ou à Paris, les vaccins ? Est-ce qu'ils ont le même calendrier de vaccination infantile au Kazakhstan qu'en France ?

Je pense déjà à ce genre de trucs.

Toi, dans mon ventre, tu bouges à peine, je ne te sens presque pas. Parce que je suis une femme enceinte pleine de tourments, les inquiétudes de la malformation occultent les désagréments de ma grossesse. Je n'habite même plus mon corps, mes pensées envahissent tout.

On contacte une de ces associations de parents repérées sur Facebook, elle est hébergée dans un hôpital renommé en Italie. On répond aux questions : date de naissance de l'enfant, détails sur les anomalies de la lèvre et du palais détectées à l'échographie. On nous rassure. Ils ont vécu ça aussi. Ces échanges nous procurent du soutien et on repart avec de bons conseils : c'est déjà énorme. On se sent plus nombreux pour se battre contre ta malformation et pour préparer un plan de bataille. On va y arriver.

« Tu t'agites dans tous les sens, maman, je ne suis même pas né.

– Apparemment ça se soigne plutôt bien, tu vois, en Italie, ou en France aussi, on a repéré de bons hôpitaux et des spécialistes renommés.

– Dis, maman, les opérations, on les fera où ?

– Je sais pas encore... pas décidé, mais je crois que je préfère Necker, à Paris. C'est bien Necker, j'ai lu des trucs à propos de cet hôpital. Enfin, faut voir si on est d'accord avec ton père...

– Arrêtez de vous disputer à cause de moi...

– Je cherche le meilleur pour toi.
– Il y aura mes frères ? Ils seront là avec moi ?
– Oui bien sûr.
– De toute façon, tu sais, j'ai pas peur des opérations, moi, maman…
– Tu n'as pas à avoir peur, je serai là avec toi, tout le temps. »

L'aîné, potelé (quatre bourrelets sur chaque cuisse et trois sur ses bras), le deuxième plus fluet, je revois mes deux poupons, à l'âge de 9, 12, 18 mois… Mes deux fils, à la peau douce et tiède, en bonne santé, rieurs, vifs. Ils dorment dans leurs petits lits d'enfant dans la pièce d'à côté pendant que je cogite sur le canapé à propos de leur frère qui n'est pas encore né.

Et celui-là, on va le remettre d'aplomb. Ce bébé-là, je ne sais pas si je le trouverai beau avec sa cicatrice sur la lèvre supérieure et son nez tout escamoté. Mais je l'aimerai de toutes mes forces. Je l'aime déjà.

*

Fini l'hôpital turc. Fini la clinique privée. Ni l'un ni l'autre n'ont le niveau d'équipement suffisant ni les médecins assez compétents pour traiter mon cas. Le docteur Zharkanaï me recommande de rentrer en France. J'insiste pour qu'elle continue à me suivre, je ne peux pas retourner à Paris comme ça. Elle me programme une amniocentèse à l'Institut d'études génétiques d'Almaty. La crème de la crème. Le test sanguin de l'Hôpital américain, cette méthode révolutionnaire qui te prédit tes chromosomes en une prise de sang à mille euros, n'a servi à rien. Ils préfèrent faire une amniocentèse.

Encore des prélèvements sanguins, des échographies sur de vieilles machines, des entretiens devant les médecins en russe. Une infirmière de la clinique privée traduit pour moi : âge, nombre d'enfants, antécédents familiaux, vous fumez, etc. On m'envoie dans un vestiaire avant de me préparer à l'amniocentèse. Un médecin en combinaison verte vient me chercher et me conduit sans un mot dans une grande salle blanche carrelée du sol au plafond. À l'intérieur, il fait froid et trois autres médecins masqués en blouse verte m'attendent ; leurs pommettes hautes et leurs yeux bridés des gens d'Asie centrale, c'est la seule chose qui dépasse de leurs masques. Ils me parlent en russe, l'un d'eux sort sa seringue. J'ai l'impression d'être le cobaye d'une expérience scientifique sous le régime soviétique. Je leur dis que j'ai peur. Ils me regardent de leurs yeux bridés, sans trop d'expression. Une infirmière en surpoids, aux airs rassurants de babouchka, pose sa main sur la mienne et s'adresse à moi en russe, je ne comprends pas, puis elle se met à compter. Dans trente secondes ce sera fini. Ça, j'ai compris. *Adin, dva, tri, tchittiri*...

Un, deux, trois, quatre, en russe.

Antiseptique marron type Bétadine, liquide froid, ponction dans le ventre. Ça pique. On aspire le liquide amniotique, un peu de toi passe dans l'aiguille creuse. J'ai un peu mal, mais surtout très peur, et là je te parle. Je te parle dans ma tête pendant tout le temps que dure l'examen et je te dis d'être courageux alors que je suis moi-même terrorisée. Ça y est, c'est fini. Trente secondes, l'infirmière avait raison. Pourquoi je m'inquiète ? J'ai déjà fait une amniocentèse en Italie, et c'était pareil. Sauf qu'ils parlaient italien.

On envoie les échantillons de liquide amniotique à Istanbul ou à Moscou, les analyses ne sont pas faites sur place. Ah bon ? Je croyais qu'on était à l'Institut d'études génétiques d'Almaty, ce qu'il se fait de mieux dans le pays... Je retourne chercher les résultats deux semaines plus tard : nouvelle échographie, on confirme la fente, à gauche cette fois. J'espérais qu'elle aurait disparu, mais non, elle est bien là. À gauche. Est-ce qu'il y a une erreur dans le rapport précédent qui précisait qu'elle était à droite ? Pas d'anomalie chromosomique, je renvoie par e-mail les résultats et les comptes rendus médicaux écrits en russe (et traduits en anglais par le docteur Zharkanaï) au professeur V. Quatre jours sans aucune réponse, je l'appelle, il ne décroche pas, je tombe sur sa secrétaire, j'insiste. C'est dingue, ça, au XXI$^{e}$ siècle de ne pas pouvoir/savoir communiquer avec ses patients par e-mail… Le professeur V. me rappelle enfin alors que je conduis un soir en rentrant du bureau : on ne peut pas interpréter ces données et vos échographies sont inexploitables. Décidément ! Venez à Paris pour des examens complémentaires, on fera une amniocentèse. Mais je viens d'en faire une et je vous ai envoyé les résultats ! Le type d'examen que vous avez réalisé ne prend pas en compte tous les chromosomes. J'ai besoin d'un caryotype complet. On refera tout.

## Marathon thérapeutique

Je rentre à Paris pour voir ce qu'il me veut, ce professeur V. Parce que, au téléphone, il n'est pas très loquace.

Paris-Almaty sur KLM, sept heures de vol et une correspondance avec trois heures d'attente à Amsterdam. La porte à côté, quoi.

À Paris, pas d'apéro en terrasse, la rentrée est passée, l'automne est presque là. Les copines sont débordées, comme moi. J'en appelle quelques-unes, rapidement, elles sont à leur pause déjeuner, à la caisse du Monop' ou courent chez elles après être allées chercher le deuxième chez la nounou, je l'entends qui couine dans sa poussette. Donc pas le moment de m'épancher ni de raconter ce qu'il nous arrive, hein, mon bébé !

L'une me dit au téléphone : la médecine fait des miracles aujourd'hui. Je crois que c'est l'une des seules phrases intelligentes que j'ai entendues pendant toute ma grossesse, la seule qui m'ait encouragée et rassurée. Elle devient mon mantra.

Je présente mes examens au professeur : moue devant mes documents en russe (traduits en anglais, mais visiblement ils ne parlent pas anglais, ici). Il saisit les rapports du bout des doigts et, d'un ton que j'interprète comme méprisant, il me lâche : « On va tout refaire, de toute façon. » Quoi ? Tous ces trous dans mes veines, tous ces ultrasons envoyés à mon bébé, tout ça pour rien… Il ne peut pas faire un effort pour déchiffrer le rapport, non ? On parle de clarté nucale, vous connaissez la clarté nucale, professeur V. ? C'est inexploitable, dit-il. Ben forcément, vous ne cherchez pas trop à comprendre… Peut-être pourriez-vous juste jeter un coup d'œil sur mon dossier médical, même s'il a été établi dans un autre hôpital, par des médecins kazakhs ? Après tout, ce sont aussi des médecins, comme vous, non ?

Il me rend mes documents et me redit : on va tout refaire. C'est bon, j'ai compris.

Si vous croyez que c'est facile pour moi, de me faire trimbaler de cliniques en hostos, à faire des examens dans toutes les langues, avec ces docteurs qui parlent russe, avec ces professeurs qui n'en peuvent plus d'être professeurs. Je n'aime pas sa condescendance, je ne comprends pas sa réticence à exploiter ou à lire (juste lire) les examens médicaux qu'on m'a faits. Et à ce moment-là, je veux, j'exige ma dose d'empathie pour tout ce que mon corps et mon enfant ont déjà subi de prises de sang, d'allongez-vous sur le lit, de je vais vous faire une échographie, une amniocentèse, un examen.

Eh, oh !! J'existe, moi !!

Notre programme des jours à venir pour toi et moi : Centre de diagnostic prénatal de l'Est parisien et autres balades chez divers spécialistes. Moi qui espérais avoir du temps pour aller traîner aux Galeries Lafayette et faire un nombre d'achats indécent en détaxe, c'est raté. Mais enfin, tu portes un enfant malade, il serait temps d'être un peu responsable, alors concentre-toi un peu sur la suite des examens.

- L'échographie à l'hôpital Trousseau sur une machine qui a l'air d'avoir 200 ans, mais il paraît que le médecin est une experte du diagnostic fœtal, elle a toute la confiance du professeur. Plus la bécane est vieille, plus elle a accumulé de données des autres patientes. C'est dans les vieilles marmites qu'on fait les meilleures soupes. L'examen dure au moins trente minutes. On discute. Tiens, elle a détecté un truc au cœur.
- L'amniocentèse, résultat dans quinze jours, mais ça devrait bien se passer, hein, surtout ne vous inquiétez pas. On me reperce le ventre dans un local d'examen situé au rez-de-chaussée, à côté de l'ascenseur. L'infirmière antillaise me tient la main (j'ai encore peur), elle rit tout le temps en me parlant de ses fils à elle, les siens aussi sont turbulents. J'apprends plus tard que c'est l'espace réservé aux grossesses à risque.
- Le rendez-vous à l'hôpital Necker-Enfants malades. Ton avenir est déjà écrit dans le nom de ce lieu qu'on fréquentera bientôt.
- La visite chez le cardiologue prénatal : ce n'était pas au programme... juste pour vérifier quelque chose au cœur...
- Les nouveaux rendez-vous avec le professeur V., la psy, la sage-femme, bref tout le staff médical.

Et enfin le retour prévu à Almaty cinq jours plus tard : je vais décaler mon vol de retour.

*

Prise de contact à l'hôpital Necker dans le service qui traitera ta malformation dès ta naissance. Rencontre avec deux médecins en chirurgie maxillo-faciale. Ils ont déjà travaillé en amont sur ton cas par visioconférence avec l'hôpital Trousseau. Necker et Trousseau se coordonnent et planifient les interventions à venir ; tu es prévu au PLAN D'ACTION 2014 ! Pas encore né mais déjà connu à Necker et inscrit sur la liste au calendrier des opérations de l'année prochaine ! Les chirurgiens m'expliquent que le professeur V. leur a envoyé les clichés par e-mail (c'est bien, il a Internet), ils les ont analysés à la réunion de service la semaine dernière, d'ailleurs tu n'as pas une, mais deux fentes ! Dans ton cas on parle donc de fentes bilatérales asymétriques. Ah ! quelle bonne nouvelle, je ne me suis pas déplacée pour rien.

On partage avec moi plein de détails en langage médical simplifié, censé être à ma portée. Ma mère m'accompagne à cette consultation, elle reste silencieuse quand on déroule le calendrier et le protocole des interventions chirurgicales qui deviendront dans quelques semaines, après ta naissance, le quotidien de toute la famille. Je sens qu'elle est sceptique, qu'au fond elle ne croit pas vraiment à cet enfant-là, avec tous ses problèmes.

Sinon, ne vous inquiétez pas, hein, tout est bien réglé, et il y a aussi les à-côtés : maison des parents pour vous héberger, vous, la maman, pendant les séjours de votre fils entre deux interventions chirurgicales, nos équipes de psychologues et d'orthophonistes en support permanent, etc. Puis on me fait passer moi aussi devant la psychologue qui veut connaître mon état d'esprit sur ce que viennent de m'expliquer les deux chirurgiens. Je suis complètement sonnée.

Plus tard, dans une salle aux murs jaune clair, une infirmière me montre avec fierté des portraits d'enfants en couleur, taille 21 x 29,7 centimètres, qui ressemblent à des photos scolaires de maternelle, dans un style formel. Ils ont entre deux et huit ans, tous sont esquintés, tous ont été « réparés ». Alors, qu'en pensez-vous ? Faudrait que je commente séance tenante, que je m'extasie, que je les trouve « mignons ». Je n'ai pas d'opinion, mais il s'avère que moi, elles me semblent mal cousues, leurs cicatrices, et, spontanément, comme ça, les enfants opérés dans cet hôpital à Pise me paraissaient mieux refaits. Il a l'air d'avoir le coup de main, ce Dottore Marcellini, avec lequel on a échangé quelques e-mails et eu une courte discussion par Skype entre Pise et Almaty.

Et là, l'infirmière de Necker lance, dans son petit topo bien huilé, son argument de choc qu'elle doit ressortir à chaque maman, comme pour conclure une vente : vous savez, tel acteur, tel homme politique avait aussi une fente labio-palatine dans sa jeunesse. À moi de répondre : ah bon, vraiment ça ne se voit pas. Là, je me souviens d'avoir pensé au fond de moi : il faut que je dise à cette infirmière qu'ils sont beaux, ces enfants, pour ne pas lui faire de la peine. Je fais donc semblant de trouver les interventions réussies tout en repensant aux images des associations de parents vues sur Facebook. Je ferai opérer mon bébé en Italie. Je préfère les photos des enfants italiens. Et ce chirurgien, il m'a plu : rien que sa voix, son accent de Toscane et son rire spontané.

Bah, je sais pas trop en fait…

On n'évoque pas vraiment les éventuelles séquelles psychologiques : la douleur, la honte peut-être, le poids du regard des autres. On me parle plutôt d'« accompagnement » de l'enfant. Ce parcours thérapeutique durera toute son enfance. En clair, à côté des opérations, il y a un soutien psychologique constant et une rééducation du langage.

La médecine fait des miracles aujourd'hui. Sans cesse, je repasse ce mantra dans ma tête.

Ce matin, à Necker-Enfants malades, on m'a montré des photos d'enfants qui ont été « ajustés », de quoi me rassurer, non ? La peau des bébés n'est-elle pas élastique, comme de la pâte à modeler ? En sortant de la consultation avec maman, je balaie des yeux le hall de verre et d'acier de la grande salle d'attente. Je me projette dans ce lieu froid qu'on a essayé de rendre chaleureux avec des jouets, des couleurs, des plantes. C'est ici que, bientôt, je serai « invitée à patienter » des heures avec une poussette, toi dedans à chouiner, ce sera l'heure de ta compote, je guetterai une infirmière qui annoncera enfin notre tour pendant que tes frères seront en train de jouer dans la salle d'attente avec d'autres gamins ou de tripoter des brochures sur un présentoir.

Ou peut-être pas. On pourra faire opérer le bébé à l'hôpital de Pise. Ensuite, pendant sa convalescence, on louera une villa à Viareggio… Tous les cinq, on ira respirer l'air de la mer et faire de grandes promenades sur la plage dans la belle lumière bleu tendre et rosée des fins d'après-midi de Toscane.

Je sors de Necker avec maman. Dehors, le boulevard Pasteur est mouillé : il pleut. Une petite pluie parisienne tout à fait déprimante.

## Il vivra cent ans !

À cause de ce truc que l'échographiste t'a détecté au cœur et aussi grâce aux relations du professeur V., j'ai obtenu un rendez-vous en urgence chez un spécialiste, une sommité en cardiologie fœtale et pédiatrique, paraît-il. Alors, avant même de commencer la consultation, il me dit que je ne dois pas m'inquiéter. Qu'est-ce qui vous amène ? Ah oui, c'est le professeur V. qui vous envoie ? Il le connaît bien et lui transmet ses cordiales salutations. Je lui balance ce que je pense du manque d'empathie du grand professeur. En effet, c'est une personnalité, me répond le cardiologue, mais c'est un homme brillant, beaucoup de talent. Ouais… Bref. Il m'examine, ou plutôt s'intéresse à mon ventre et au petit cœur qu'il y a dedans. Une veine cave supérieure gauche a été détectée à l'échographie la semaine dernière, ça n'a pas plu à l'échographiste et on vérifie, « compte tenu du contexte malformatif », s'il n'y a pas d'autres anomalies congénitales cardiaques. Ce serait le bouquet.

Alors que je me souviens avec précision de toutes les autres échographies, au moment où j'écris ces lignes, plus aucun souvenir ni aucune sensation corporelle de cet examen-là ne me reviennent en mémoire. Le cardiologue est en fin de carrière, il prend sa retraite dans quelques mois. Il se montre à l'écoute et rassurant, pourtant je ne saurais dire si l'atmosphère de son cabinet me plaît ou non : des lampes massives aux grands abat-jour éclairent la pénombre et diffusent un peu partout une lumière dorée.

On discute. Je lui dis que j'habite à Almaty, au Kazakhstan, en Asie centrale, quoi. Il connaît bien, il y est allé, une fois. Dingue ! Je viens de tomber, en plein Paris, sur la seule personne du 14e arrondissement qui ait mis les pieds dans un pays qu'habituellement personne ne sait situer sur une carte. Il me donne plus de détails :

« C'était en 1993, je faisais partie d'un groupe de travail qui formait les cardiologues kazakhs aux techniques du doppler fœtal. C'était encore nouveau là-bas, à l'époque.

– Et comment vous les avez trouvés, vos confrères kazakhs ?

– Ils avaient des bases solides, un bon fond de médecine soviétique, quoi… Très réceptifs, avides d'apprendre aussi.

– Oui, c'est ça. Ils ont de bonnes bases… C'est là-bas qu'on a détecté la malformation de mon enfant, mais après on n'a pas pu aller plus loin.

– Je viens de l'examiner, votre bébé. Son petit cœur va bien. Il vivra cent ans. Vous pouvez vous rhabiller. »

*

Fréquence cardiaque parfaite, pas d'anomalie du cœur fœtal constatée, m'avait dit ce médecin d'un ton bonhomme. Il ressemblait à un papi et son « il vivra cent ans » m'a presque mise de bonne humeur, pas pour longtemps. Maintenant je suis certaine que c'était une de ses petites blagounettes pour détendre l'atmosphère et faire sourire les mamans anxieuses. D'ailleurs, ce cardiologue réputé, une de mes amies l'a aussi consulté pendant sa grossesse. Je l'ai appris bien après la naissance de son fils. Alors que son petit bonhomme de 3 ans jouait avec mes fils dans le salon, mon amie m'avait confié qu'une possible pathologie cardiaque avait été détectée puis écartée. Le cardiologue lui avait sorti la même phrase qu'à moi !

« Ah bon ! Mais je ne savais pas, tu ne m'as jamais rien dit !

– Ben non, quand j'étais enceinte d'Alexis, t'habitais plus à Paris, je crois.

– T'es sûre qu'il n'a rien, tu as refait un contrôle après sa naissance ?

– Oui, j'ai eu une totale confiance, c'est le meilleur cardiologue pédiatrique de tout Paris. Et toi, t'es allée le voir pourquoi, ils vont bien tes enfants, non ?

– Oh moi, non, rien, en fait… »
Alexis, son fils à elle, vivra cent ans.

*

Je marche sur un boulevard du 14e arrondissement. Vent. Pluie. Je me ramasse la grisaille parisienne en pleine figure, j'ai froid, pas pris mon imperméable ni mon parapluie. Pourquoi suis-je si déprimée ? Le cœur de mon bébé-qui-vivra-cent-ans va bien, on ne parle plus de malformation cardiaque. Sur mon portable, quelques messages du bureau, des copines, de Marco, des nouvelles des enfants, des photos échangées. Pas de photos ni de messages érotiques, que des infos médicales ou du quotidien. Un café dans une brasserie ? Il y a une terrasse couverte à l'angle du boulevard, comme je les aime. Bof. Mon ventre tire, je suis fatiguée. Je m'engouffre dans le métro et je rentre m'allonger chez les parents.

De grosses gouttes de pluie sur la vitre – bien au chaud dans mon lit… je pense à nous, plus tard, dans quelques mois… La lutte contre cette malformation deviendra mon but unique, l'objet de toutes mes préoccupations et actions des prochaines années. Je me battrai pour toi et toute la famille sera à tes côtés. Tes frères te protégeront. Tu verras, ils sont un peu turbulents, mais ils font la paire tous les deux, deux petits rigolos toujours gais et en mouvement. Vous formerez un trio formidable. On fera tes opérations, une par une, dans cet hôpital spécialisé en Italie, ou alors à Necker, je ne sais pas encore. Je serai toujours là pour toutes tes séances de rééducation. On te reconstruira un beau visage, le David de Michel-Ange n'est-il pas tout simplement magnifique ? Et celui de Chagall, hein ? D'ailleurs, où est-ce que j'ai mis cette carte postale que j'ai achetée cet été à l'expo Chagall ? J'aimerais bien revoir le regard du roi David et son expression à la fois déterminée et douce. C'est un personnage emblématique, fort. Tu seras comme lui, naturellement. Si tu flanches un peu, je t'amènerai chez le psy, il paraît que ça se fait aussi beaucoup, le psy, pour les enfants comme toi, fragiles, pour les mères comme moi, hyper anxieuses. Et ça nous/t'aidera. Quoi d'autre ? Enfin, t'inquiète pas, quoi, tout ce qu'on doit faire on le fera. Tous les cinq on se battra et on y arrivera.

« Maman... ?

– Oui, chéri ?

– Est-ce que pour toi je serai le plus beau bébé du monde ?

– Bien entendu !

– Eh, maman, si ça se trouve tu vas même me préférer à mes frères, juste parce que je suis moche ?

– Euh, tu seras pas moche, OK ? On va tout réparer.

– Ben si, avec toutes ces cicatrices et ce nez déformé, je serai moche, forcément.

– Ils nous ont expliqué à Necker qu'ils allaient te refaire tout beau.

– Alors tu m'aimeras le plus ? Je serai ton préféré, hein, dis, maman ?

– Te préférer à tes frères ? Bah, je sais pas. De toute façon, même si c'est le cas, je ne te le dirai pas. Une mère aime tous ses enfants pareil. »

## Rétroplanning

Naissance en janvier 2014, vers le 14 (date de fin de terme de mon bébé d'hiver).

Mars-avril 2014 – trois premiers mois de vie : première opération pour fermer le palais.

Septembre 2014 – 9 mois : deuxième opération pour ajuster les lèvres.

Hiver 2015 : troisième opération pour redresser et réparer les cloisons nasales.

Pause (ou trêve).

On recommencera à tes 12 ans, quatrième opération, maxillo-faciale, pour tes dents. Tu seras en 5e. Et on sera en 2026.

## Notre nouvelle vie sera comme ça

*J'ai 4 mois.*

*On est au printemps 2014. Maman essaie de me nourrir avec ce biberon à la tétine bizarre qu'on lui a procuré à Necker… c'est laborieux. Je crache mon lait, je n'arrive pas à avaler. Elle s'impatiente. Autour de nous, mes frères courent, crient, jouent, se battent, ils font un de ces boucans… J'aimerais bien jouer aussi, mais c'est l'heure de manger. Ah ! ce lait qui rentre dans mon palais fendu puis s'écoule par mes narines, beurk, je m'étouffe et je chouine. Ma grand-mère nous observe d'un air préoccupé, elle ne dit rien. Je ne me sens pas légitime d'être ici, de causer tous ces soucis. On crève de chaud dans cette pièce, cette chaleur énerve mes frères ; maman est de plus en plus nerveuse. Elle essaie de me donner du lait à la cuillère cette fois, mais elle s'y prend mal, elle l'enfonce dans ma bouche. Je crache puis je pleure.*

*Maman va pleurer elle aussi, ou se mettre à hurler, je le sens.*

*

Dans longtemps, je regarderai cette photo de nous tous devant la statue du David, à Florence. La photo aura été prise vers février 2015, quelques semaines après ta troisième opération, tu auras 1 an : moi, toi dans mes bras, tes frères, sous la protection bienveillante du chef-d'œuvre de Michel-Ange, juste derrière nous, sur la Piazza della Signoria. Tu mérites le meilleur et on aura choisi cet hôpital en Toscane, pour ce Dottore Marcellini, si réputé et si considéré par les parents sur les réseaux sociaux. C'est papa qui aura pris la photo avec son nouveau Nokia jaune. On sera au cœur de l'hiver, tu seras emmitouflé dans une couverture de laine blanche. Tes fentes ? On ne les verra presque plus, on apercevra juste les cicatrices sur ta lèvre supérieure, mais à peine. Ta peau souple se sera vite reconstituée. Elle sera douce et tu sentiras l'odeur tendre des bébés. Je te porterai tout contre moi, je t'embrasserai pour sentir encore et encore ta douceur et ton odeur. Tes frères seront à côté de nous, ils gesticuleront, la photo sera peut-être floue, on sourira, posant tous ensemble devant la majesté d'un David de la Renaissance.

*

Certaines personnes, dont mes parents, essaient de comprendre maladroitement « quelles sont mes intentions ». Je hais ces périphrases et ces questions. Pas envie de leur dérouler mon PLAN D'ACTION ni mon rétroplanning médical.

« Tu vas le garder ? »

« C'est un bec-de-lièvre, c'est ça ? »

« Ça se soigne ? »

« Tu sais, il y a des hôpitaux extraordinaires à Paris. Parce que là-bas, chez toi, au Kazakhstan... »

« Tu vas le garder ou tu envisages de... »

Tu n'es pas mon bébé, l'enfant, mon petit troisième. Tu es « LE ».

Bon, c'est pas tout mais, après ce tourisme médical parisien, il est temps de rentrer à Almaty pour reprendre ma routine familiale et le travail. J – 9 avant les résultats de l'amniocentèse. Le professeur V. m'a dit qu'on se tenait « au courant par e-mail ».

*

J'embarque sur le Paris-Almaty de KLM, avec escale à Amsterdam. C'est un vol de jour. Ma valise cabine est bourrée de trucs pour les enfants et pour moi, du shopping compulsif aux Galeries Lafayette, elle pèse au moins 15 kilos. Pourquoi on habite aussi loin ? Pourquoi il n'y a pas de vols directs Paris-Almaty et pourquoi je dois me farcir des escales à Amsterdam, Londres, Francfort et je ne sais où encore ? J'en ai marre de tout ce cirque. Comment je ferai, moi, l'année prochaine, avec un bébé fragile et deux enfants en bas âge à trimbaler entre l'Asie et l'Europe ?

Mon ventre tire, le bébé bouge. Je m'assois côté hublot et je masse mon ventre. Décollage.

*

Entre la semaine 24 et la semaine 26 de grossesse :

Bébé développe ses sens : toucher, audition et goût. Il entend le son de votre voix, celle du papa, la musique, le bruit de votre circulation sanguine et vos bruits gastriques.

Vous, physiquement vous ressentez : les mouvements du fœtus, plus nets. Possible constipation, pertes vaginales, indigestions, flatulences. Sensibilité des gencives, crampes. Mal au dos, mal à la tête.

Ah bon ? Je referme ce livre de grossesse, encore un, que j'avais acheté pour l'aîné, je suivais semaine après semaine l'évolution du fœtus et les effets sur la mère, traquant dans mon corps chaque sensation. Angoisses.

Pour toi : rien. Non, rien, vraiment je ne ressens rien de tout ça. Ah ! si. La tête, la tête. Toutes ces pensées, omniprésentes dans ma tête… Mal à la tête, oui.

## 13

Quinze jours après l'amniocentèse à Paris, j'attends les résultats avec impatience, sans pouvoir penser à autre chose. Tuer le temps au bureau… Je traîne sur Internet pour perfectionner mes connaissances sur la malformation, me dire que ce n'est pas si grave, bien m'imprégner des techniques chirurgicales, prendre la mesure de ma future vie de maman d'un bébé esquinté et surtout bien me remémorer toutes les étapes du processus de soins.

Bon, je vais assister à cette réunion de travail, ça me distraira. Quoi, une présentation client à finaliser pour demain matin, mais si vous croyez que j'ai la tête à ça ? Cet après-midi, j'ai prévu de comparer les techniques des hôpitaux, de fouiller sur les forums à la recherche de témoignages, de recouper les noms des chirurgiens, des chefs de service de pédiatrie des grands hôpitaux parisiens ou italiens. Tiens, d'ailleurs, j'ai encore vu sur le web le nom du Dottore Marcellini de l'hôpital de Pise. Et encore, encore des éloges de parents qui lui ont confié la santé de leur enfant. Décidément, c'est un saint en croisade contre les fentes labio-palatines. Je conserve bien précieusement l'e-mail qu'il nous a envoyé la semaine dernière. D'ailleurs, je le relis, ces mots vont nous porter chance.

J – 6 à J – 4 : les jours passent avec une lenteur exaspérante. Comme il faut que je fasse quelque chose, j'échange plusieurs e-mails avec la secrétaire du professeur V., au cas où les résultats de l'amniocentèse seraient disponibles. Ça n'a pris que quinze jours pour ton frère, pourquoi c'est si long pour toi ?

J – 3 et J – 2 : je l'appelle plusieurs fois.

« Le professeur V. n'a pas encore les résultats de votre caryotype. »

« Le professeur V. attend encore le rapport du centre d'analyse de cytogénétique. D'ici quelques jours, ça ne devrait plus tarder. Oui d'accord, je vais me renseigner. »

… La secrétaire se renseigne… L'attente est insupportable. Qu'est-ce qu'elle fout, je la rappelle ?

« Le professeur V. est en réunion/en cours/au bloc/en consultation. »

Le professeur vous rappelle aujourd'hui sans faute vers 15 heures – vite, un rapide calcul, ça fait 19 heures, ici.

Le professeur V. ne peut pas envoyer, comme tout le monde, les résultats du caryotype par e-mail ? Et elle, la secrétaire, elle pourrait transférer le rapport ? Ça lui prend deux secondes. Ah, elle ne l'a pas, mon œil…

« Non. Le professeur préfère vous appeler. »

19 heures pétantes : j'ai rejoint mon mari à son bureau bien en avance ; il fait déjà nuit et le chauffage a été poussé à fond dans la pièce. Dehors, l'hiver d'Asie centrale commence à s'installer, je suis déprimée. On compose le numéro direct du professeur V. en appuyant sur la touche haut-parleur. La tonalité familière des appels téléphoniques en France retentit dans le bureau surchauffé. Il décroche dès la deuxième sonnerie, il attendait notre coup de fil. Tendus, à l'écoute des résultats, mais confiants.

Il y a un problème sur le chromosome 13.

Coup au cœur, coup au ventre, choc émotionnel. Il nous détaille avec calme et précision les résultats de l'amniocentèse et évoque la possibilité d'une trisomie 13. Pour être plus précis, il parle de « vraisemblablement une trisomie en mosaïque », mais c'est à vérifier.

13. Quel chiffre maudit. Pourquoi c'est tombé sur le 13, putain ? Comme par hasard. Et pourquoi pas le chromosome 13 ? nous répond le professeur V.

Pour nous, futurs parents d'un enfant handicapé qui étaient prêts à se battre pour lui, tout vient de s'arrêter là, tout net. Le professeur V. a parlé d'éventualité de trisomie. D'instinct, sans nous consulter, moi la mère et lui, Marco, le père rejetons cette « éventualité » même. Au fond de nous, par une sorte de pacte tacite, c'est une évidence : nous ne pourrons pas accueillir notre bébé trisomique.

Sans détour, on lui demande de nous programmer une IMG[1] au plus vite. Le professeur V., lui, y met les formes : d'autres investigations seraient à faire, ne précipitons pas les choses, il souhaite nous en parler de vive voix. On raccroche. Fin de la conférence téléphonique avec Paris, fin de nos rêves de troisième enfant.

Quelques minutes après cette annonce, presque instantanément, alors même que le mot « trisomie » ait été prononcé, tu cesses d'exister : plus d'hôpitaux, plus d'opérations, plus de combats de parents acharnés contre la malformation. Fini. PLAN D'ACTION = SUPPR.

Le plan d'action, les rétroplannings, la « to do list » médicale : effacés, comme s'il n'avait jamais été question ni de grossesse, ni de bébé, ni de malformation.

SUPPR.

Tout s'évapore d'un coup, et à la place il ne reste que la stupeur, pesante, épaisse, qui envahit la pièce, où on étouffe.

1. IMG : interruption médicale de grossesse.

L'hiver ne va pas tarder à arriver, mais pourquoi il fait si chaud ici, c'est irrespirable ! Et pourquoi l'hiver est si rude et dure si longtemps dans ce pays ? J'ai vraiment chaud. CHAUD.

Toi, bébé, tu ne dis rien, tu ne m'interpelles pas.

Papa, lui, se tourne vers moi et articule d'une voix à peine audible : « Je suis désolé. »

Le professeur V. m'a calé un rendez-vous en urgence à l'hôpital Trousseau pour la fin de la semaine, il a fait de la place dans son agenda pour toi et pour moi. Juste après avoir raccroché, on cherche un vol pour Paris. Faire quelque chose. PLAN D'ACTION. Ne pas rester là, les bras ballants, inactive. Donc entreprendre quelque chose, coûte que coûte : Marco cherche sur Skyscanner, je tourne en rond dans son bureau. Ça y est, il a trouvé un vol (de nuit…). J'y serai pour jeudi matin.

Juste avant de partir de la maison en pleine nuit (mais pourquoi les vols Almaty-Paris décollent tous à des horaires absurdes ?), je veux faire une photo de moi avec toi dans mon ventre. Ce n'est pas un selfie, c'est lui qui prend la photo dans le bureau de notre appartement, dans la même pièce où je lui ai annoncé que je t'attendais, alors que tes frères piaillaient autour de nous. C'est une vraie photo de femme enceinte de six mois, avec un gros ventre bien visible. Je souris, un léger sourire, énigmatique, on peut dire que j'ai l'air serein, même si mon regard te dit déjà au revoir sur cette photo-là.

J'aime cette image de moi dans cette jolie chemise vert clair, couleur lait à la menthe. C'est une chemise de femme enceinte achetée cet été-là, l'été 2013, à Paris, aux Galeries Lafayette, rayon vêtements de grossesse, que des marques chics. Plus tard, j'ai imprimé et classé la photo dans un album, qu'il m'arrive de feuilleter. Je me trouve belle dans cette blouse. J'ai vendu presque tous mes vêtements de grossesse sur Leboncoin, j'ai fait deux lots : grossesses d'été, celles de tes frères, grossesse d'hiver, la tienne. Juste avant de vendre le lot d'hiver, j'ai retiré du sac la chemise couleur lait à la menthe ; je la garde pour la porter en souvenir de toi.

Il est minuit, mes bagages dans l'entrée, je m'apprête à effectuer seule un long vol de nuit puis un changement à Londres. Le vol de la British Airways décolle à 2 h 40 du matin, tu parles d'un horaire… Mon mari m'embrasse, retourne se coucher. Je pénètre à petits pas dans la chambre des garçons pour un dernier bisou, toucher leur peau toute douce et écouter leur souffle en plein sommeil. Mes petits… ils restent ici avec lui, je ne sais pas quand tous me rejoindront, pour « la suite ». Mon taxi m'attend. Dehors, les éclairages nocturnes diffusent une lueur orangée sur un ciel laiteux : on dirait qu'il va neiger. Le thermomètre de la Toyota affiche – 5 degrés.

*

Moi qui adore écrire sur les ambiances d'aéroport, je déteste ce souvenir.

Les contrôles à l'aéroport de Londres sont interminables, j'ai les jambes lourdes après sept heures de vol. Sortir son portable, son iPad, sa liseuse, son ordi (avec chargeur séparément, c'est dessiné sur les consignes affichées partout), ses clés, sa bouteille d'eau, ses médicaments : quatre plateaux. Enlever ses chaussures, ses bijoux, sa ceinture. Le soutif, j'enlève aussi ? Y a du métal dans les baleines, non ? Mettez-vous là, écartez les bras : me faire tripoter les fesses, le dessous des seins, l'intérieur des cuisses puis le ventre, et encore le ventre. Ce truc que vous tâtez avec votre grosse main gantée, c'est une ceinture de grossesse, pas des explosifs. Je m'apprête à aller chercher mon sac et le contenu des quatre plateaux qui traînent au bout du tapis derrière moi, remettre mes chaussures. L'agente de sécurité, une nana obèse, me rabroue. Elle doit passer le détecteur à métaux, elle brandit son engin qui siffle. Je refuse et je fais barrière de mes bras devant moi, ça l'énerve, elle me houspille et appelle son supérieur. Celui-ci est pire. Je me braque : hors de question qu'on passe le détecteur sur mon ventre, il y a toi à l'intérieur, je ne veux pas qu'on te fasse du mal. Je veux te protéger d'une menace invisible, mais qu'importe, au fond, puisque je vais avorter bientôt. Pleine de contradictions, je suis heurtée dans ma dignité et mon instinct de mère. Ils s'acharnent, tournant autour de moi, me hurlant de rester pieds nus, bras et jambes écartés, et si je continue à faire obstacle à leur travail, ils vont appeler la police. Ils me parlent plus rudement, je vais pleurer. Eh ! Oh ! Il y a un enfant fragile dans ce ventre-là, espèces de brutes. Ils passent leur détecteur sans un mot et m'ordonnent de me rhabiller. Je les menace d'envoyer une plainte aux services de sécurité d'Heathrow, ils ricanent et me font signe de dégager. Derrière moi, douze files d'attente denses, les contrôles se poursuivent sur d'autres voyageurs passifs. Je déteste cet aéroport. C'est la dernière fois que je fais escale à London-Heathrow, plus jamais je ne volerai sur British Airways.

Trois heures à poireauter avant ma correspondance pour Paris, la haine dans le cœur, la peur au ventre. Moi qui d'habitude m'organise toujours bien à l'avance pour avoir le temps de traîner dans les aéroports, entre duty free, kiosque presse, cappuccino dans un point de restauration rapide, aujourd'hui, envie de rien. Je tapote sur mon smartphone. Je lis et relis le document en PDF envoyé par l'hôpital.

Conclusion du caryotype prénatal : formule chromosomique sans anomalie décelée avec les techniques utilisées. Une cellule trisomique 13 a été observée. Une mosaïque faible de trisomie 13 ne peut être exclue. Étant donné le contexte malformatif, une ponction de sang fœtal serait nécessaire.

Le rapport indique ta formule chromosomique : 46, X, Y. ish 22q11 (TBX1x2).

J'imagine le type d'enfant que tu aurais été : plutôt timide et discret, plein de profondeur.

J'imagine comment tes frères se seraient comportés avec toi : protecteurs. Je vois leurs petites mains d'enfants entourer tes épaules et se pencher vers toi pour te faire un bisou maladroit, te tendre un jouet ou pour te consoler.

Au fond, moi seule aurais su. Avec toutes ces opérations qu'on t'aurait fait subir, tu aurais été moins fragile qu'il n'y paraît, et ça, ta formule chromosomique ne le dit pas. Le roi David est un personnage puissant et tu aurais eu cette force intérieure.

Vite ! Hall C, porte 4. Dernière annonce avant clôture et départ du vol, je cours vers le comptoir d'embarquement. Je suis crevée. Je cours vers l'avion de la British Airways pour Paris, pour l'hôpital Trousseau, pour le bureau du professeur V. où je vais discuter de ces examens qui vont me conduire à prendre cette décision te concernant. Ding ! Dang ! Dong ! *Last call… All passengers of the flight BA1417 to Paris Charles-de-Gaulle are invited at gate number 4 for immediate boarding.*

Je cours, le ventre lourd, je cours, je cours.

## Presque plus enceinte

Dès l'annonce du diagnostic, mon mari et moi, on a été clairs : on ne pouvait pas te garder. On se tue à l'expliquer au professeur V. Qu'on en finisse. Je veux avorter. Grouillez-vous, je n'ai pas que ça à faire, si vous saviez comment je me sens, de vous demander ça… Il dit que les choses ne sont pas si simples, des investigations complémentaires seraient nécessaires, que les parents ont besoin de ce temps-là pour absorber la nouvelle et prendre la mesure de la décision qu'ils vont prendre, et bla-bla-bla.

Il veut gagner du temps, c'est absolument évident, parce qu'il est bien le genre à avoir des convictions de catho antiavortement.

Je passe ces deux semaines d'octobre grises et pluvieuses à faire des allers-retours entre chez moi et l'hôpital Trousseau : prendre des rendez-vous, me soumettre à des examens, me faire bassiner de conseils pontifiants du professeur V., voir sa sage-femme qui ne sourit pas, l'anesthésiste, la généticienne et aussi la psy de l'hôpital qui m'écoute débiter ma rage et ma peur en me fixant de son regard de corbeau. Je n'aime pas cette psy, elle ne me soulage pas – enfin c'est ce que je crois, elle n'est qu'un réceptacle de ma colère que je lui crache au visage. T'en veux encore, tiens, je t'en balance, en voilà ! Elle prend des notes.

*

Cordocentèse.

Dans le service des grossesses à risque de l'hôpital Trousseau, j'ai subi une cordocentèse. Il paraît que c'est mieux encore que l'amniocentèse, plus raffiné, plus précis, on voit mieux, quoi. La ponction de sang fœtal à travers le cordon est réalisée par d'autres médecins dans la même salle que celle où j'avais fait l'amniocentèse trois semaines auparavant.

Le personnel médical qui pratique aujourd'hui cet examen me semble nettement plus formel et plus concentré, l'examen est délicat. Je cherche des yeux l'infirmière antillaise rigolote de la dernière fois, elle n'est pas de service ? On déroule devant moi un champ médical de couleur bleu nuit, anesthésie locale sur mon ventre tendu. Pas de blagues dites sur un ton enjoué. Qui va me tenir la main ? Eh ! Oh ! Je suis accablée de tristesse et j'ai peur, moi. Alors ?

On repique, grosse seringue creuse qui absorbe notre sang à tous les deux, le tien mélangé au mien, ils feront le tri.

Tes petits chromosomes ont-ils autre chose à nous dire que ce que l'on ne sache pas déjà ? Résultat dans dix jours. Pour nous, notre décision est prise, cet examen est inutile.

Trisomie 13 en mosaïque…

*

IRM cérébrale.

Trois amniocentèses et une cordocentèse plus tard, je me dispense de l'IRM cérébrale organisée par le professeur V. Il a eu du mal à trouver un créneau, la machine est sans cesse en activité, c'est la raison pour laquelle j'hésite à ne pas me présenter. Oui, c'est décidé, je sèche son IRM. Parce que non, non et non : je refuse de nous soumettre à cet examen supplémentaire qui ne sert à rien de toute façon, on connaît tous l'issue de cette histoire. J'appelle le professeur V. pour annuler. Je tombe sur sa secrétaire, qui transmettra.

*

Temps de latence entre ces examens... : on attend quoi, exactement, je ne sais pas. En vrai, je ne suis déjà plus enceinte. Tu bouges si peu dans mon ventre. Mon corps a cessé de ressentir quoi que ce soit. C'est déjà ça.

## La dernière échographie

Je me revois, debout, dans cette jolie librairie du Quartier latin à feuilleter des livres pour enfants sans penser à tout « ça ». Pendant une minute, je suis bien. Appel d'une sage-femme de l'hôpital Trousseau, explications saccadées : merci de vous présenter immédiatement à la maternité, au quatrième étage, le docteur G. vous attend à dix-sept heures quarante-cinq pour une échographie. Elle ne sait pas que je vais avorter dans quelques jours ou quoi ? Pourquoi on me dérange ?

Métro, bus, je traverse tout Paris pour ce rendez-vous médical improvisé et me voilà marchant d'un bon pas dans la cour pavée de l'hôpital. Toutes les sensations de l'automne s'abattent sur moi, d'un coup : le vent se lève, gouttes de pluie froide, ciel bas et gris. Déambulations dans la maternité, ascenseur surchargé de visiteurs, patients et soignants qui s'arrêtent à tous les étages. Ça y est j'y suis, juste à temps ! On me fait finalement poireauter quarante-cinq minutes dans la salle d'attente, le docteur G. a été appelée en urgence pour une césarienne. Des médecins pressés et épuisés vont et viennent, leurs chaussures d'hôpital type Crocs ou sabots Birkenstock crissent sur le lino terne. Pour passer le temps, je fais aussi les cent pas dans le couloir en buvant un Fanta, le goût du sucre me console et tu te réveilles : tu bouges un peu, pas beaucoup, hein, tu es toujours si calme...

Sur la droite, de grandes portes battantes blanches et au-dessus, écrit en lettres capitales vertes : BLOC. C'est là où doit être retenue le docteur G.

Vingt-septième semaine de grossesse ou vingt-neuvième semaine d'aménorrhée – si je le décidais, tu pourrais naître par césarienne dans quelques semaines dans ce même hôpital, dans une salle opératoire, là, à cet étage, juste derrière ces mêmes portes battantes. Ou tu pourrais venir au monde tout de suite maintenant, ou demain ou après-demain, si tu décidais d'être un prématuré : tu mesures déjà 34 centimètres environ, tes os et tes organes sont prêts.

On m'appelle, le médecin revient de son urgence et m'invite à rentrer dans une minuscule salle d'échographie sans fenêtre ; la lumière au plafond clignote. Elle désigne le lit médical avant de s'affaler lourdement sur sa chaise pivotante, face à la machine qui ronronne dans la tiédeur de la pièce. Je m'appuie sur les rebords pour grimper sur le lit, elle ne m'aide pas. Sous mes mains, je sens les craquelures du Skaï orange du matelas tout crevé, il y a même de la mousse qui sort par endroits. Je m'allonge sur le drap en papier tout froissé, elle ne prend pas la peine d'en dérouler un neuf.

Je la regarde sans un mot : qu'est-ce que je fous là, en fait ?

L'enfant a cessé ses petits mouvements dans mon ventre, il sait déjà. Une lassitude m'envahit soudain, en même temps qu'une sensation d'étouffement, dans cette pièce aveugle.

C'est reparti : gel conducteur froid et gluant sur mon ventre, bruit de splash du flacon qu'on presse, re-splash. Ce médecin semble épuisée, à moins que ce ne soit cette lumière blafarde qui accentue les cernes sous ses yeux bleu marine. Elle fixe l'écran sans rien dire.

« Vous vérifiez quoi exactement ?

– On a vu quelques épanchements de sang dans le placenta, mais rien de très grave.

– Si c'est pas grave, pourquoi je suis là, alors ?

– C'est le protocole. On rappelle toutes les mères à qui on nous a signalé des anomalies.

– Vous avez lu mon dossier ou quoi ?

– …

– Vous savez que je vais avorter la semaine prochaine ?

– Détendez-vous, je vais maintenant procéder à l'échographie. »

L'examen se déroule avec une lenteur exaspérante. Je ferme les yeux, ils me brûlent, de rage, d'épuisement, de renoncement. Le médecin n'a pas réagi à ma provocation. Elle est soit trop fatiguée, soit habituée à la colère des patientes. Je ne regarde pas le monitoring, mais je fixe le néon qui clignote au-dessus de moi. Je referme les yeux. Ils brûlent encore.

Sans même les rouvrir, je lui demande d'éteindre le son, pour ne pas entendre les battements de ton cœur.

Ce sera ma dernière échographie.

## Tu vas le garder ?

Pendant les jours qui suivent, mon esprit se dissocie de mon corps, dans une sorte de schizophrénie physique et mentale. Et mon corps, justement, a cessé de ressentir quoi que ce soit. Dans un sens, c'est une grossesse agréable : tu n'es pas chiant, tu bouges peu, pas de coups de pied ni de roulades avant ou arrière comme ton frère aîné. Toute mon attention est tournée vers la « gestion du dossier » : obtenir cette IMG. Parce que, à part me faire faire des examens dans tous les sens, je n'ai toujours pas eu le feu vert du professeur V. On attend quoi, exactement ?

Lui, le professeur V., il a une autre vision de l'agenda. Il évoque le « temps nécessaire pour que les choses se mettent en place[1] ». « Offrez-vous ce temps de réflexion, les mamans ont besoin de ce temps-là. » Le temps, il n'a que ce mot à la bouche, je l'interprète comme un moyen à peine détourné de nous faire changer d'avis. Vous vous trompez, il dit que, pour lui, ça ne change rien de programmer une IMG maintenant ou dans quinze jours. Il persiste à m'expliquer, avec ce ton de donneur de leçons absolument exaspérant, que plus tard je le remercierai que les choses ne soient pas allées trop vite, qu'il nous faut bien intégrer cette décision, moi, mon mari, ma famille, car après il n'y a plus de retour en arrière possible ; ce temps de la « réflexion » est donc ab-so-lu-ment nécessaire.

Comprend-il seulement ce que je ressens dans mon corps et dans mon cerveau de femme ? Je porte un enfant vivant en moi et simultanément j'ai décidé de m'en séparer. C'est insupportable. Le plus vite sera le mieux, donc. Je n'ai pas tout ce temps, moi. Ni que ça à faire, j'ai quand même le budget 2014 à préparer. Tiens, d'ailleurs il faudrait que je réponde à cet e-mail de la chef des ventes. Il lui manque une information sur les volumes, il est question d'un tableau Excel à compléter avec plein de chiffres. Pas envie, en fait.

Je suis enceinte de sept mois et je sais que c'est fini pour toi.

---

1. Cette attente ne m'avait pas été clairement présentée comme un « délai légal », je l'ai ressentie comme une imposition de la part du médecin. En faisant quelques recherches sur Internet à propos de l'IMG, je lis : « Hors urgence médicale, il doit être proposé à la femme enceinte un délai de réflexion d'au moins une semaine avant de décider d'interrompre ou de poursuivre sa grossesse. » (Source : IMG : www.service-public.fr/particuliers/vosdroits/F1101.)

Le compte à rebours a commencé, quelques jours nous séparent de l'accouchement, de l'avortement, de la tuerie, du carnage qu'on supplie l'hôpital de nous accorder pour sauver notre famille. Encore une semaine à patienter, peut-être dix jours, le temps que le grand professeur et tout son staff reviennent vers nous. Il y a des procédures, vous comprenez, des réunions d'équipe, tout ça, ce genre de décision ne se prend pas comme ça. Et ils attendent encore le résultat de la cordocentèse. Ah…

Encore une semaine de grossesse pendant laquelle tes petits organes vont continuer à se développer.

Je dois TE garder, TE porter dans mon ventre encore une semaine ? Alors qu'une IMG va être programmée ? Pour moi chaque jour qui passe est un supplice psychologique. Tu ne bouges pas, tu es « sage », tu essaies d'être discret. Pour ne pas me faire changer d'avis. On dit bien cela des enfants quand ils font ce que leurs parents désirent : qu'ils sont « sages ». Quel tact, mon bébé !

*

Pendant ce temps que le professeur V. a décidé de m'accorder, il faut occuper mon esprit pour anéantir ce flot de pensées qui m'obsède. Marco est revenu la veille du Kazakhstan avec les enfants pour me soutenir dans « la dernière ligne droite ». Pour se changer les idées, on se balade à Montparnasse, si on allait au cinéma ? C'est la seule journée de beau temps à Paris depuis deux semaines et nous, on va au cinéma… en pleine matinée, comme avant, comme quand on était étudiants, il y a longtemps. On sait déjà, depuis l'appel téléphonique du professeur V. il y a trois semaines. Notre cœur est convaincu que c'est la seule décision à prendre, un choix lourd, qu'on n'aurait jamais pensé faire dans notre histoire commune. Là, on marche sur les boulevards, comme si de rien n'était. On croise des gens, plein de gens, des étudiants et des touristes, surtout. On projette l'image d'un couple, plus très jeune : ils se tiennent la main, il sourit, elle est enceinte. Ils vont éliminer l'enfant qu'elle porte. Ça, les passants ne le savent pas. Notre décision, j'ai envie de la jeter à la figure de tous ceux qu'on croise. C'est insupportable et ça ne colle pas avec cette belle journée. Il me serre la main, se tourne vers moi et me sourit. Il n'a pas le droit de sourire. L'image idéale d'un couple qui va avoir un enfant – ce même enfant qui, la semaine prochaine, ne sera plus… Pourquoi a-t-il souri ? Quand on a décidé de faire un bout de chemin ensemble tous les deux, on voyait des voyages, du bonheur, des enfants – on ne savait pas encore combien, mais pas d'IMG. Alors pourquoi vient-il de me sourire, là, à cet instant ?

Et lui, qu'est-ce qu'il ressent ? Lui qui marche à mes côtés, par un bel après-midi d'automne à Paris, sur les boulevards ? Non, ce n'est pas un père heureux. Demain, on est convoqués par le staff médical de Trousseau. On a préparé ensemble le discours à tenir devant les blouses. Et non, les choses ne sont pas si simples pour LUI non plus.

*

Toute cette colère que je me suis trimbalée… et finalement beaucoup de choses que je n'ai comprises que plus tard… Entre le moment où on a découvert la cellule trisomique et celui où on a appuyé sur la gâchette, il ne s'est passé que trois semaines et demie, dont : un vol de nuit entre l'Asie centrale et l'Europe, des nuits sans sommeil, plusieurs jours d'examen, une sortie au ciné et… et… un sourire.

Ce temps-là était nécessaire.

*

Un couple d'amis chers, pas vus depuis longtemps. Au restaurant chinois :

« Tu es enceinte ! Félicitations !

– Oui, mais il y a des problèmes. »

Ils ont compris, n'ont pas commenté ni posé de questions embarrassantes. Ils ne m'ont pas demandé si j'allais « LE » garder.

## J – 8

Paris 12e arrondissement, chez ma pharmacienne de quartier : « Vous attendez un heureux événement ? Félicitations ! C'est pour quand ? »

Ce jour-là, je porte ma chemise de grossesse préférée, celle couleur lait à la menthe, celle qui me va si bien.

## Une heure pour convaincre

Bon, alors les résultats de la cordocentèse n'ont rien donné et les conclusions de l'amniocentèse de septembre n'ont pas pu être confirmées : le chromosome 13 qui était défaillant n'a pas été retrouvé à l'examen génétique. Le professeur V. est embêté. Et moi qui pensais que cet examen ne serait qu'une simple formalité, qui allait lever tous les doutes, qu'on obtiendrait enfin le ticket pour l'IMG. Non, fini, tout va bien, les paires de chromosomes de 1 à 23 sont impeccables, rien à dire franchement, et celle qui aurait dû être défaillante, la numéro 13, ben là, elle ne pose plus aucun problème. Ah bon ! Et vous me laissez en plan, comme ça, avec vos incertitudes ? Qu'est-ce que vous voulez que je vous dise, professeur V. ? Que je vous fasse un mot d'excuse ? C'est pas grave, tout roule comme s'il n'y avait rien eu, alors ? Cherchez mieux, vous allez le retrouver, ce chromosome abîmé. Ou vous me faites une dérogation. Débrouillez-vous, c'est vous le professeur. On y va. En avant pour l'IMG, ça fait déjà quinze jours que j'attends.

Une commission sur mon cas a été organisée avec tout le staff médical[1].

Avant j'étais une grossesse à risque.

Maintenant je suis une COMMISSION.

Pipi sur un stick, maman l'annonce à papa en lui tendant avec le sourire du bonheur le test de grossesse emballé dans du papier cadeau rose et jaune. Ce petit film édulcoré, c'était il y a six mois seulement. Et là, à l'hôpital Trousseau où tu aurais dû naître en janvier de l'année suivante, on organise une COMMISSION pour examiner la demande d'IMG, faite par ces mêmes parents. Y a eu comme un bug.

Je ne comprends pas, on nous laisse avec ce doute qui plane comme une menace. Et la commission. On nous rappellera pour nous dire où et quand nous serons convoqués. Pour nous, la décision est prise. Qu'attend-on ? Bébé vit en moi, mais dans ma tête il n'est plus là. Mon esprit et

1. Les modalités pratiques de l'interruption médicale de grossesse ont été précisées à partir de 1975 avec la loi n° 75-17 du 17 janvier 1975 instaurée par Simone Veil, et entre autres par l'article 13 de la loi 94-654 du 29 juillet 1994, qui précise que, « en outre, si l'interruption de grossesse est envisagée pour motif médical, elle doit être acceptée par deux médecins, l'un de ces deux médecins devant exercer dans un centre de diagnostic prénatal pluridisciplinaire ». (Source : Wikipédia.)

mon corps sont désormais clairement dissociés mais, devant l'absurdité de la situation, j'ai besoin d'aide, désespérément. Les médecins de l'hôpital sont enfermés dans un protocole qui m'échappe. J'appelle au secours et en urgence trois médecins de ville, que je connais depuis toujours, dans le 12e arrondissement de Paris : une généraliste, une dermatologue, une psychiatre. Trois femmes. Elles me rassurent au téléphone, elles se montrent scandalisées et compatissantes, elles trouvent les mots que je veux entendre sans remettre en question ma décision.

Rien à voir avec ces praticiens hospitaliers. En ville, ils ne portent pas de blouse blanche, ça change toute leur approche aux soins et aux patients. La commission, c'est vraiment le pompon du Japon, vous n'aviez pas besoin de ça. Appelez-moi si ça ne s'arrange pas. Et je m'entretiendrai personnellement avec votre professeur, à l'hôpital, s'il le faut. Appelez-moi, je serai là.

*

C'est le grand jour : celui du rendez-vous avec l'équipe médicale, le professeur V., la psy, la sage-femme, la généticienne. Une formalité, soi-disant. On sait, avec mon mari, que cet entretien-là n'est pas anodin. Le staff médical veut nous rencontrer pour comprendre quelles sont nos intentions et vérifier que nous sommes bien d'accord tous les deux pour la suite. Apparemment ce n'est pas systématique, les IMG.

Sur le chemin de l'hôpital, nous, deux cadres supérieurs, on répète notre discours, on met nos idées les unes derrière les autres. Je ne peux m'empêcher de penser : que se serait-il passé si on avait été de ceux qui ne savent pas démontrer pour convaincre ? Le déroulé doit être convaincant pour qu'on nous accorde cette IMG sans débat, au plus vite. On a préparé les arguments comme si notre vie en dépendait, même si c'est surtout de la tienne qu'il s'agit.

Notre cas porterait-il à discussion ? Ton père : il est stressé, mais il ne veut pas me bousculer, je suis quand même (encore) enceinte. Il a peur que je change d'avis devant « eux », alors il répète que cette décision est capitale pour la suite de nos vies et celles de nos deux enfants. Ah, mes petits… On les a laissés chez les grands-parents, le temps de cet entretien crucial. Je pense à eux en marchant d'un bon pas entre l'avenue Daumesnil et l'avenue du Général-Michel-Bizot, ce chemin que j'ai arpenté au moins vingt-cinq fois ces dernières semaines.

En attendant sur les chaises du couloir, face à l'ascenseur, je rumine. Après tout ce parcours thérapeutique éprouvant, pourquoi le professeur V. nous fait-il passer devant cette commission ? Comme si c'était facile pour nous de leur dire, de leur redire, de leur rabâcher : allez-y, éliminez mon fils. Pourquoi est-ce qu'on doit en rajouter avec ces tergiversations, ces rendez-vous médicaux inutiles, ces temps de latence non désirés et ces entretiens ? On nous fait rentrer dans une toute petite salle de réunion, ils sont déjà tous là, blouses blanches alignées derrière le bureau, sauf la généticienne. Interrogatoire.

La psy me fixe de ses yeux globuleux. Marco et moi, on parle, on a vraiment bien répété avant, le discours est fluide, avec la juste dose d'émotion. Tous nous scrutent alors qu'on déroule l'argumentaire. On est convaincus, solidaires, percutants. Allez, vas-y, balance-leur la démonstration et ensuite lui, il en remettra une couche, avec d'autres mots. Il me laisse parler d'abord, c'est ce qu'on a convenu.

On était prêts à se battre pour la fente labio-palatine.

On a trouvé des médecins, en France, en Italie. On s'est renseignés.

La fente bilatérale ne nous faisait pas peur. D'ailleurs, on avait un plan d'action. Non, on n'avait pas peur des opérations, des séances de rééducation, de toute une vie familiale à repenser pour se mobiliser et remettre l'enfant d'aplomb.

(Je viens de parler de toi à l'imparfait, t'as remarqué ?)

On est expatriés au Kazakhstan et vous savez, il y a aussi des hôpitaux, là-bas.

Pour les opérations et le suivi : on pensait faire des allers-retours en France. C'était prévu.

On se serait battus, parce qu'on est comme ça. Vous voyez bien qu'on est des battants, hein, professeur V. ? On ne se laisse pas faire, on y va, on fonce.

Mais, professeur V., et vous, sage-femme, et vous, psychologue, le risque, même minime, de trisomie 13 en mosaïque, ON NE PEUT PAS. Vous comprenez ?

(Pause.)

On ne peut pas bouleverser complètement notre vie et celle de nos deux autres enfants qui sont en bonne santé, eux. Nos fils, ils sont encore petits…

Dites donc, vous parlez beaucoup de vos deux autres fils.

Oui, professeur. Ils ont deux ans et trois ans et ils ont tellement besoin de nous, si vous saviez. On ne veut pas risquer de ne plus être disponibles pour eux pour se consacrer entièrement aux soins d'un frère malade et peut-être trisomique.

Ou peut-être pas. À ce jour on ne sait pas pour la trisomie en mosaïque. On vous a bien expliqué.

(Je vais le baffer.)

Alors, professeur : demain, quand on sortira de l'hôpital avec un enfant atteint de trisomie, même en mosaïque, personne ne nous aidera. Il n'y aura pas de structure pour l'accueillir plus tard. On fera comment ? Vous serez là, pour me tenir la main ?

On ne peut pas. Pour la fente, on se serait battus. Pour les conséquences de la fente, on se serait battus. Pour un risque de trisomie 13 en mosaïque, on renonce.

C'est non. NON.

N.O.N.

Je ne sens plus l'enfant, immobile. Le ventre ne me tire pas, pas de coups de pied, aucune gêne, rien. Il écoute, discret, comme à son habitude. Il sait déjà. Quelle clairvoyance pour un si petit bébé.

Silences.

Le professeur V. a perdu de sa superbe. Je crois qu'on lui en a bouché un coin. Il a l'air ému, ou je dirais plutôt qu'il a accueilli nos mots de manière ouverte. Ou, plus exactement, il ne l'a pas ramenée depuis au moins cinq minutes. Il a enfin laissé de côté ses airs pontifiants pour ÉCOUTER ce qu'on avait à lui dire. Qu'on veuille préserver nos autres fils. Qu'on souffre de ne pas pouvoir accueillir celui-là, dans mon ventre, avec sa fente et sa gueule cassée. La sage-femme et la psy restent silencieuses, elles ont l'air ébranlées. Œil-de-corbeau a même le regard très légèrement humide. Il faut dire qu'on avait bien répété, avec papa. Démontrer pour convaincre, on sait faire. Mais là, c'est notre vie de famille à tous dont il s'agit.

Mon cœur déborde de rage contre ces gens en blouse blanche censés me soulager. J'ai envie de leur hurler : vous croyez que c'est facile pour moi ? De devoir vous supplier d'éliminer mon enfant et de dérouler ces arguments choc de vendeur d'aspirateurs parce qu'on veut tester ma motivation. Eh ! Oh ! On n'est pas à un entretien de recrutement. Vous vous prenez pour qui, à la fin ?

Il ouvre le dossier devant lui et m'explique d'une voix posée quelles seront les prochaines étapes. Mais, juste avant de procéder, il me suggère un dernier entretien avec la généticienne, qui souhaite nous parler et n'a pas pu être présente aujourd'hui. Oui, oui, je vous ai bien entendus, tous les deux. Ce que vous me dites là a du sens, et vous avez bien perçu notre dilemme, c'est malheureusement toute la limite de notre métier : on ne sait pas si l'enfant est atteint ou pas, et quelle pourrait être la gravité des anomalies et des séquelles. Alors voilà : je programme une IMG pour la semaine prochaine. Ce sera mardi ou mercredi, en fonction de l'agenda.

La sage-femme prend des notes, il poursuit : vous verrez d'abord l'anesthésiste quelques jours avant, puis vous serez hospitalisée la veille, on vous posera un dispositif dans le col de l'utérus pour préparer le travail pendant la nuit et faciliter le déclenchement des contractions. Non, une césarienne n'est pas recommandée dans votre cas. L'accouchement se fera par voie basse, l'enfant est encore petit et il n'y a pas de risque de déchirure de l'utérus malgré les naissances précédentes. Et c'est plus respectueux pour l'enfant. Je serai là pendant l'accouchement pour vous guider. Tout va bien se passer.

Puis, devant nous, il appelle sa collègue généticienne pour fixer un rendez-vous au plus vite. Elle est en congé et n'est pas à l'hôpital cette semaine… Attendez, attendez, elle se libérera pour vous rencontrer. Elle habite à Joinville, mais elle viendra spécialement pour vous au laboratoire samedi midi. Prenez ce temps avec elle, elle vous expliquera comment elle a réalisé les analyses, c'est important que vous sachiez. Vous aurez une vision plus complète. C'est IMPORTANT pour la décision que vous êtes en train de prendre.

A-t-il dit ça pour te sauver ? Te récupérer ?

On se lève, j'ai les joues en feu, vite, sortir d'ici, de l'air ! Dehors, quelques femmes enceintes attendent sur un banc. Toutes, elles tiennent des dossiers à la main. Des grossesses à risque comme la mienne ?

## Magicmaman

Vous êtes à 28 semaines de grossesse (ou 30e semaine d'aménorrhée).

Le corps de votre bébé commence à s'arrondir doucement. Ses mouvements respiratoires sont coordonnés et sa température interne s'autorégule. Les testicules du petit garçon descendent maintenant dans l'aine. Il mesure 35 cm et pèse 1,150 kg.

Le développement de la femme enceinte : des varicosités, des veines peuvent apparaître sur les membres inférieurs ainsi qu'une sensation de jambes lourdes, car le retour veineux (la circulation du retour du sang vers le cœur) se fait moins bien.

Bon à savoir :

En cas de problèmes de jambes lourdes au cours de votre 28e semaine de grossesse, pensez aux gestes simples qui soulageront votre douleur la plupart du temps : surélévation des pieds, passage à l'eau froide, repos...

## Un samedi matin

La généticienne est venue ce samedi matin de Joinville-le-Pont rien que pour nous rencontrer et nous expliquer... Elle nous fait passer derrière le bâtiment de l'hôpital et on accède au laboratoire par une toute petite porte et des escaliers étroits, l'entrée des artistes, en quelque sorte. Obscurité :

bureaux déserts et silencieux, ordinateurs éteints. C'est donc ici, dans ce bâtiment tout délabré, que les meilleurs généticiens de France font parler les caryotypes... Impressionnés.

Le docteur B. nous propose un thé à la cuisine, là où elle fait sa pause avec ses collègues, nous dit-elle. On s'assoit autour d'une table rectangulaire, et sur la gauche, une grande fenêtre qui donne sur les bâtiments tristounets de l'hôpital. Malgré le ciel grisâtre dehors, la pièce est lumineuse, on s'y sent bien, ça doit être les tasses colorées et les posters au mur à côté de l'évier qui apportent cette touche de convivialité... On ne se croirait pas dans un laboratoire, mais en compagnie d'une gentille dame qui va nous sortir des Pépito pour le goûter. On parle de tout et de rien. La grande humanité que dégage cette femme nous rassure, sans doute parce qu'elle ne porte pas sa blouse blanche, ou alors parce qu'elle échange avec nous sur un pied d'égalité, simplement, dans l'intimité d'une cuisine.

Avant de rentrer dans le vif du sujet, elle nous dit : je ne comprends pas pourquoi on fait patienter les femmes à grossesse pathologique à seulement quelques mètres du suivi des grossesses normales. En plus, aucune salle d'attente, rien, juste un banc qu'on est allé mettre en face des ascenseurs de la maternité, avec ces jeunes parents qui montent et qui descendent sans arrêt en poussant des landaus avec leurs nouveau-nés. C'est vraiment pas très confortable. Ça fait des années que le service doit être réorganisé, ça fait des années que je le dis... Les mamans comme vous devraient bénéficier d'un accueil un peu plus personnalisé, dans un endroit adapté, votre situation est déjà tellement difficile...

Elle n'essaie pas de nous persuader de « le » garder. Elle nous explique, avec des mots simples, comment elle a procédé pour l'examen génétique : le nombre de chromosomes qu'elle a vérifiés, le nombre de fois, pourquoi et quand elle a eu un doute et qu'encore aujourd'hui elle n'est pas très sûre. Vous comprenez, dit-elle, j'ai eu plusieurs accrocs sur ce chromosome 13, rien de dramatique non plus, mais j'ai dû m'y reprendre à plusieurs fois. Au moment de rédiger mon rapport, j'ai quand même ouvert votre dossier, et c'est là que j'ai vu « fente labio-palatine ». Anomalie chromosomique sur le 13 et fente, généralement, ça va bien ensemble… J'ai donc inscrit « risque de trisomie en mosaïque ».

Elle ne sait pas.

Elle ne sait pas nous confirmer si l'enfant sera atteint ou pas, et s'il est atteint, quelles fonctions pourraient être endommagées et à quel degré. Peut-être qu'il sera sain, finalement. Elle n'a pas retrouvé cette foutue cellule à la cordocentèse.

En écrivant ces mots, je googlise « trisomie 13 + fente labio-palatine », pour essayer de me souvenir des termes médicaux précis utilisés par la généticienne. Je tombe sur une liste sordide d'anomalies et de malformations liées à la trisomie 13. Cœur, poumons, muscles, cerveau, vision. C'est effrayant. Troubles à associer avec ceux de la fente : soucis pour s'alimenter, troubles auditifs, etc. J'arrête de lire et je reprends l'écriture de ce texte. Donc tu aurais eu un peu de tout cela ? Ou juste une anomalie cérébrale ou oculaire ? Mon cœur bat fort, quatre ans après. Alors je t'imagine « juste » avec les conséquences de ta fente réparée : ton léger retard de parole, tes grands yeux d'enfant derrière des lunettes colorées et ta difficulté à respirer. Je pense à toi. J'imagine les séances laborieuses de rééducation chez l'orthophoniste alors que tu pourrais jouer sur le toboggan du square avec tes frères. J'aurais envie de te protéger, de t'aider à être mieux, de te dire que je serai toujours là pour toi. Au moment où j'écris, je suis soulagée que tu ne sois pas né.

La généticienne nous demande si l'hôpital peut procéder à une autopsie sur le corps de l'enfant après sa naissance, pour en savoir un peu plus sur ce qu'ils ont diagnostiqué *in utero* et faire un peu de lumière sur ces incertitudes. Il faut notre autorisation. Pour permettre à la science de progresser, en quelque sorte.

On répond oui.

Puis elle nous demande si on veut être informés des résultats de cette autopsie.

On répond non.

## En aparté

Paris, fin octobre, le soir, seule dans mon lit, toi et moi. Quelques jours avant la date, je pose mes mains sur mon ventre ; juste avant de m'endormir, je te parle, aussi : s'il te plaît, ne m'en veux pas pour ce que j'ai décidé de te faire. Tu bouges à peine… mais tu bouges un peu, quand même – la tiédeur de mes mains a favorisé le contact avec toi.

Ton frère aîné, à la même période, soit environ 30 semaines, il était agité, mais agité… Il tournait, se retournait dans mon ventre, ça me gênait, je dormais mal. Ton frère cadet, lui, était si paisible, trop parfois, qu'on s'inquiétait. Ma gynécologue italienne m'expliquait comment percevoir l'enfant : *tesoro,* il faut manger quelque chose de sucré, s'asseoir cinq minutes, compter jusqu'à dix en restant attentive aux petits mouvements du bébé. Si vous avez le moindre doute ou si vous ne sentez rien, on fera un monitoring de contrôle, mais, *tesoro, andra' tutto bene.* Je suivais ses instructions et ton frère se manifestait, discrètement. Je crois que me faire appeler

« trésor » en italien par ma gynéco, toujours enjouée et de bonne humeur, c'est ça qui nous réconfortait, avec ton frère. Tout est une question d'état d'esprit.

Tout ira bien, trésor.

Les dernières nuits que tu passes dans mon ventre, tu es encore plus calme que d'habitude, sans être complètement immobile. Tu sais et tu perçois ce qu'il se passe dans le monde autour de toi, tu remues le juste nécessaire, comme pour me faire comprendre que tu es là, avec moi. La veille du départ à l'hôpital, avec Marco, mon mari, ton presque papa, nous nous allongeons ensemble, serrés l'un contre l'autre dans ce lit une place de la chambre d'enfants. Il s'endort à côté de moi, je ne sais pas ce qu'il pense, ni comment il arrive à dormir, lui... Il n'a rien dit avant de plonger dans le sommeil, il m'a juste caressée un peu partout, sur la joue, la tête, le bras – sauf sur le ventre. Je le comprends, même si j'aurais bien aimé qu'il te salue une dernière fois.

*

J'intègre le dernier étage de la maternité de Trousseau, réservé aux grossesses à risque ; certaines femmes y séjournent depuis plusieurs semaines. Je ne croise personne, aucune patiente, aucun médecin. Une infirmière m'installe dans ma chambre, je lui demande de m'apporter une couverture supplémentaire, elle n'est jamais revenue.

Plus tard, je redescends au rez-de-chaussée pour la pose des bâtonnets, sorte de « mikados » qu'on m'insère dans le col de l'utérus et qui vont le dilater pour provoquer les contractions. Doliprane 1000 avant (il me faudrait plutôt une bonne dose d'anxiolytiques). Douche à la Bétadine après.

Ensuite ? Silence et vide. Plus rien.

On n'est pas dans les chambres chaleureuses où j'ai séjourné à la naissance de tes frères dans l'aile privée de la maternité de Milan, ah, ça non ! Ici c'est l'hôpital public, un aménagement fonctionnel sans charme en contreplaqué, des couleurs criardes pour égayer des couloirs tristes, éclairés au néon. Aucun bruit dans ce service, sans personne, décor presque inhumain et robotique. L'aménagement années quatre-vingt, la lumière crue, l'ambiance qui imprègne les lieux me font penser à un film de science-fiction de la même époque. Dîner léger, genre bouillon-vermicelles et compote de pommes, demain j'accouche.

*

Le lendemain – déjà.

Les contractions se déclenchent un peu avant l'aube, comme pour mon deuxième. Je l'appelle, lui, le père : le travail a commencé, viens. Pas un mot de plus, il n'y a rien à dire de toute façon. Je ne sais pas ce qu'il peut ressentir. Tout me/nous semble irréaliste. Lui qui était tout proche de moi pour la naissance de l'aîné, lui qui a presque recueilli le deuxième de ses mains, et là, je l'invite à venir assister en direct à la mort programmée de notre troisième fils. Il y a quand même toujours du mystère dans les naissances… On ne sait jamais exactement dans quelles circonstances on va donner la vie, ou ne pas donner la vie. Le jour, l'heure, le lieu restent soumis à des incertitudes qu'on n'imagine pas quand on découvre qu'on va devenir ou redevenir maman. On se souvient toujours de ces deux ou trois moments clés : le pipi sur le stick, les premières contractions ou la perte des eaux, et la naissance. Le reste, le jour de la naissance, n'est que hasard. Ou miracle ?

Pas de perte des eaux pour moi, le travail commence en douceur, peu de gêne, aucune tristesse, pas de colère, rien du tout, et même pas peur. Moi qui n'ai accouché que par césarienne, aujourd'hui, ce sera le grand saut : par voie basse. Je ne suis pas inquiète.

Je descends du lit et je regarde par la fenêtre la lumière blafarde d'un nouveau jour qui se lève : le vingt-neuvième du mois d'octobre – la journée sera grise. Je vais dans la salle de bains orange et, en m'asseyant sur la cuvette des toilettes, je ressens encore quelques légères contractions, mais surtout cette sensation : mon gros ventre touche mes cuisses, il est tiède. Agréable. Comme une caresse. Ce sera l'une des dernières sensations que je garderai de cette grossesse.

*

On se réveille !

Il est temps que je réalise enfin : quand je suis assise sur une chaise roulante qu'un infirmier pousse derrière moi. Je dois commencer à intégrer une bonne fois pour toutes cette idée, ce concept absolument sidérant. Mais non, rien, je n'y pense pas. Ni à toi. Ni à personne. Juste aux contractions. C'est précisément à ce moment-là qu'il aurait fallu que j'assume de manière définitive ma situation : je vais accoucher par voie basse, dans quelques heures, d'un enfant et, à la fin de l'accouchement, après tous ces efforts, je n'aurai pas de bébé.

Cette idée ne m'effleure pas.

En fait, je ne pense à rien.

Au lieu de cela, j'entends le bruit des Crocs de l'infirmier sur le lino : crics crics crics. Non, je ne pense pas non plus à la raison pour laquelle on appelle ces chaussures en plastique des « Crocs » alors qu'elles font « crics ».

Il pousse mon fauteuil roulant dans les dédales de la maternité, des couloirs jaunes sans fenêtre se succèdent. Soudain, trois mots m'agressent.

**Salle de naissance.**

Nous y voilà.

## Vous ne sentirez rien

Il me faut à tout prix écrire ce qui va suivre : l'accouchement et la naissance. Ta naissance. C'est le clou du texte, si j'ose dire, le moment fort de notre histoire, que je retranscris sous forme de mots, pour qu'il reste quelque chose de nous deux. Au moins des mots.

Et il faut à tout prix croire les mots qui vont suivre, j'ai vécu cette expérience : pendant les sept heures que dure l'accouchement, et surtout quand l'enfant naît, je ne pense à rien. Une sorte de vide mental, une page blanche émotionnelle alors que j'accomplis un acte insensé : celui d'accoucher d'un enfant dont on vient d'arrêter le cœur devant moi. Je me suis toujours demandé comment cela a été possible.

Ces instants juste avant, pendant et après que tes frères viennent au monde : des pensées, des sentiments, des émotions m'ont traversé l'esprit. Pour ton frère aîné, il s'est cependant produit un phénomène similaire, celui d'un encéphalogramme plat de la pensée, ça n'a pas duré longtemps. Quelques heures après sa naissance, j'ai éprouvé ce sas, ce vide, ce moment de flottement où je me suis sentie soudainement libérée de tout : lui dans son berceau transparent dans la chambre d'hôpital, moi sur le lit, à côté, je le regardais, je ne pensais à rien. Il était là, j'étais là, tout simplement. Le temps qui flotte, un instant.

Pendant la césarienne de ton deuxième frère, j'ai été envahie par un flot de pensées et je me suis concentrée sur des sensations pour écarter ma peur. Avec la moitié du corps sous anesthésie, j'ai observé la couleur des murs, vert pâle, j'ai écouté la musique douce, diffusée sur des enceintes dans tout le bloc opératoire, et j'ai ressenti sur mes épaules la gêne de l'air conditionné. La sage-femme qui m'avait suivie pendant ma grossesse a perçu mon agitation, elle a passé sa tête au-dessus du champ médical pour me rassurer. J'ai vu son masque, son regard bleu ciel à travers ses lunettes en plastique, sa charlotte verte et ses deux mains gantées recouvertes de mon sang. Elle m'a fixée droit dans les yeux en me chuchotant : *« Tutto bene, mamma ? »* Je me suis dit à ce moment-là : comment une femme si jolie peut paraître aussi ridicule attifée de cette manière ? Il y a eu dans ma tête des tas d'autres pensées du même genre, puis ton frère est né. On l'a amené pour les premiers soins, il était si petit, je n'ai pu apercevoir que ses cheveux bruns et ses lèvres fines, la seule image que je garde de lui à la naissance, tout est allé trop vite. Heureusement, papa était là, derrière la porte du bloc, pour l'accueillir.

Pour toi, mon esprit vient de se bloquer sur « pause ». Mais pas que mon esprit, d'ailleurs... J'expérimente une absence totale de sentiments et d'émotions. Comme un black-out sensitif qui m'aidera à surmonter la suite. Il va falloir me croire quand j'écris ces mots. Bien entendu, vu de l'extérieur, tout cela semble invraisemblable : elle accouche d'un enfant mort, tué à la minute, en elle. Elle le fait sans réfléchir, alors ? Elle n'a pas envie de crier sa colère ? Non. Même pas. A-t-elle au moins conscience de la situation dans laquelle elle se trouve ? Oui. Pourtant, elle ne pense à rien et ne ressent rien. N'est-elle pas en train de vivre l'expérience la plus abominable de sa vie ? Si. Sa tête est vide, tout simplement, alors qu'elle expulse l'enfant mort. Est-ce qu'elle pousse plus fort pour le faire naître plus vite ? Non, elle fait exactement ce que la sage-femme lui suggère. Sans penser à rien.

*

L'anesthésiste a mis le paquet, elle vient de me poser la péridurale et me tapote le dos pour m'aider à me rallonger. C'est une jeune doctoresse aux longs cheveux châtain clair, rencontrée deux jours plus tôt pour préparer l'accouchement. Elle m'avait posé les questions réglementaires, taille, poids et nombre de semaines d'aménorrhée. Quand j'ai prononcé « vingt-neuf semaines environ », elle a cessé de taper sur son clavier. Son regard. J'ai aimé ce regard empathique et sincère. Le liquide va très vite faire effet, m'explique-t-elle maintenant avec la même douceur employée pendant la consultation. Vu les circonstances, je vous ai fait un dosage particulier : vous ne sentirez rien.

Le travail s'intensifie sans que je ne sente rien, en effet. Oui, c'est une anesthésie de choc, une anesthésie de première classe, de celles qui requièrent une certaine agilité de la part du médecin, d'ailleurs l'anesthésiste revient à plusieurs reprises pour contrôler et ajuster la dose. La sage-femme en blouse rose rentre et sort, toutes les demi-heures. Entre deux allers-retours, elle me dit : « Les contractions vont se rapprocher de plus en plus, mais vous n'aurez pas mal. Vous aurez soif, mais il faudra éviter de boire. »

Pendant toute cette longue épreuve, il reste auprès de moi, lui, mon amour. Il sort juste le temps des différentes manipulations.

Encore du va-et-vient dans la chambre, cette fois au moins cinq soignants sont rassemblés autour de moi. On déroule un grand champ médical en plastique sur mon torse, il est bleu acier, tire sur le gris, de la même couleur que le ciel de ce matin d'octobre.

« Ça va piquer très légèrement, c'est l'anesthésie locale », dit ce médecin aux cheveux brun foncé, coiffés en bataille, un peu bougon.

Oui, je ressens bien une petite piqûre, un peu douloureuse, sur le haut de mon ventre bombé, exactement comme pour la cordocentèse, mais en moins fort. On injecte. Je ne sens plus rien et surtout je ne pense à rien.

Puis il annonce, d'un ton informatif :

« Le geste. **Nous allons faire le geste.** »

À cette phrase, je ne réagis pas. Je crois qu'il s'appelle Frédéric. Il n'a pas dit « le geste fœticide ». Il a juste dit « le geste » en m'injectant le liquide mortel qui, dans quelques secondes à peine, va arrêter de faire battre ton cœur.

*

Après ça, déjà complètement abrutie, il ne se passe rien, ni dans ma tête ni dans mon cœur à moi, le tien n'est plus, déjà. C'est étonnant cette absence totale de ressenti ou même de sentiment, alors que tu es là, à pousser à l'intérieur de mes entrailles, pour voir le jour, comme on dit – voir le jour de tes petits yeux qui ne s'ouvriront jamais. Plus aucune sensation en effet, sauf peut-être ma langue pâteuse et cet arrière-goût de fer dans ma bouche, et puis le froid sur mes épaules et la chaleur de mon visage. Mon ventre se contracte, tu sors, gentiment, sans précipitation. Je ne sens rien, mais alors par contre j'entends... et plutôt bien... les hurlements de celles qui se trouvent au fond du couloir, dans d'autres salles de naissance. Elles ont dû avoir la moitié de la dose, elles.

Dans un éclair de lucidité, j'aperçois le majestueux professeur V. qui vient de se pointer, toujours classe, dans sa blouse blanche, ouverte. Sous les néons de la salle de naissance aveugle, il a peut-être l'air un peu moins bronzé que d'habitude. Tendu, aussi, devant moi, son cas médical de la semaine, la mère chiante qui pose trop de questions. Il s'assoit sur l'horrible chaise marron, avec une vue de biais sur mes jambes écartées, les talons sur les étriers de la table d'accouchement. Jamais je n'avais expérimenté une position aussi embarrassante devant un homme, bien que ce soit en fin de compte plutôt banal dans une maternité. Je n'y pense pas, ni à ma gêne ni même à toi. Je ne ressens ni honte ni tristesse. Une anesthésie réussie, vraiment.

Il m'encourage d'un ton neutre, de sa belle voix grave d'acteur de cinéma. Allez-y, c'est bien ce que vous faites. Sa voix est chaleureuse, tout à fait normale, il ne crie pas, mais les mots qu'il prononce, je les écris en gras tellement tout ce contexte me semble invraisemblable aujourd'hui, puisque, à la fin de tout cela, il n'y aura pas de bébé :

**« Allez-y. Poussez. »**

Continuez. Tout se passe très bien. Je suis très content. Le docteur V., euh pardon, le professeur V. est content ! Il déplie son journal, j'entends même le froissement du papier. Ce petit bruit me heurte presque plus que les cris des autres mères que j'entends en sourdine. De temps en temps, il jette un œil sur mon sexe dilaté en plein travail tandis que ta petite tête m'écarte pour sortir de moi. Ça dure un certain temps.

Il me redit qu'il est content et que je fais tout très bien. Puis il poursuit sa lecture sur sa chaise marron – bien le genre à lire *Le Figaro*… Non, je ne pense pas du tout à ça à ce moment-là, je ne pense à rien du tout, à rien de particulier. Un corps qui ne sent rien, un esprit qui ne comprend pas.

La sage-femme aussi me félicite et m'accompagne, d'un ton sobre, dénué de pitié, de mièvrerie ou de compassion. On pousse. Oui, on pousse. C'est bien, on continue, dit-elle.

Après tout, je suis un cas comme un autre : à la 212 elle accouche un bébé sans vie, à la 214 un prématuré, à la 215 des jumeaux. On est dans le top des maternités parisiennes niveau 3, avec du personnel hyper qualifié et compétent, qui voit de tout, tous les jours, n'est-ce pas ? Puis elle pose sur mon ventre tendu son avant-bras, se penche sur moi et appuie fort, de tout son poids. Je déteste ce geste.

Tu sors, en silence, sans que je ne sente rien. Pas de son, non plus.

À un moment, je ne sais plus lequel, un opérateur en blouse bleue se précipite derrière le paravent poussiéreux devant la porte ; il se baisse, trafique je ne sais quoi sous mes jambes. Et là, je perçois le plus effrayant des bruitages ; je ne la vois pas, je ne sais pas de quelle couleur elle est, mais j'en suis sûre : il s'agit d'une bâche.

Je l'imagine en plastique transparent, un peu épaisse. Le bruit de cette bâche qu'il déplie en vitesse est l'instant le plus horrible de cet accouchement silencieux, sans douleur et presque sans son. La sage-femme te recueille dans ses mains et, assistée de l'opérateur, elle emballe ton petit corps à peine expulsé de moi.

Ils sortent. Je vois leur dos, blouse rose clair et blouse bleu foncé. Manches courtes toutes les deux, il fait une de ces chaleurs dans cette salle sans fenêtre…

Rideau.

## Te rencontrer

«J'ai caressé ta petite main, ton petit poignet fermé, tu t'en souviens ? Hein, bébé ?

– Non.

– Ah, tu ne t'en souviens pas, alors ?

– Pas du tout…

– …

– Maman, c'est le moment le plus important de notre histoire. Raconte-moi, vite, je veux savoir.

– Oui. Je vais te le dire, attends un peu, c'est dur pour moi.

– Non, tout de suite, maintenant… Je veux tout savoir, dans les détails.»

Alors… On te fait une beauté, comme à tous les nouveau-nés : on te lave et on t'habille avec le pyjama blanc « grand prématuré » que j'avais acheté quelques jours avant, avec ta grand-mère. Après un très court moment, la sage-femme en blouse rose revient, tenant un paquet sur son bras gauche : c'est toi ! Te voilà emmailloté dans le drap blanc au liseré orange et vert, qui a servi pour moi quand j'étais bébé, pour ma sœur et pour tes frères aussi. Du linge de famille, comme on dit.

« Vous voulez le voir ?

– Oui », je réponds, la bouche pâteuse.

Papa est sorti avant pour ne pas te croiser. Il ne peut pas.

Dans un geste que je trouve trop précipité, elle te pose dans mes bras. Et là, mon souvenir est diffus, il ne me reste que quelques sensations de ce moment-là : tu es tout tiède. Chaud de moi, chaud de toi et chaud d'elle. Je sens ton dos moelleux à travers le pyjama. Tout en rondeur, tout en douceur. Comme une petite madeleine toute chaude qui sort du four… ça c'est ce que je murmure à ton frère cadet quand je l'embrasse le soir dans son lit, il adore entendre ça, il me demande de lui dire et lui redire… Bref, passons… toi aussi tu m'as procuré cette sensation-là. De douceur et de tiédeur.

Alors je reprends. J'essaie de ne pas pleurer en tapant ces mots sur mon clavier : tu n'as pas le teint rose des bébés en bonne santé, toi, à peine né, tu es gris, déjà le teint des morts. Ta peau est couleur cendre, un peu marbrée par endroits. Je revois les marbrures grises plus foncées sur ta petite menotte au poing tout serré. Je te caresse du bout des doigts, j'ose à peine te toucher. Le petit bonnet est bien trop grand pour ta tête, et bien sûr tu flottes dans le pyjama blanc. J'ai bien fait de laver le tout avant, la peau des bébés est si délicate…

Une idée insensée traverse mon cerveau anesthésié : et si les médecins s'étaient trompés ? Et si tout cela n'était qu'une absurde erreur médicale ?

Je vois ta malformation, c'est très furtif, comme un mirage, que mon esprit s'empresse d'écarter.

Oui, je vois ta fente, ou plutôt tes fentes : une à gauche, assez importante, et une à droite plus petite, comme c'était prévu. Rassurée – on n'a pas fait tout ça pour rien.

Je vois aussi tes cheveux noirs, très courts au ras de ton crâne : ils n'ont pas fini de pousser.

Je demande à la sage-femme quelle est la couleur de tes yeux. Elle t'empoigne d'un geste sûr et soulève ta paupière gauche.

« C'est difficile à dire, mais il semble qu'il ait les yeux foncés », dit-elle en te remettant dans mes bras tout de suite après.

Elle se tient calme, en face de moi, et m'encourage à poursuivre cet échange. Du coin de l'œil, je l'observe : Jessica, du genre 25 ans, tout juste diplômée. Pour une si jeune femme, je la trouve plutôt efficace et très à l'aise pour gérer les possibles larmes de la mère et l'angoisse distante du père. Il attend dehors…

Je suis heureuse que mon esprit embrumé ait pu s'imprégner d'une image de toi, même si fugace. Sans m'attarder, je t'ai vu dans ton ensemble, dans toute ton humanité, et tu es un vrai nouveau-né. C'est étonnant cette rencontre maman-enfant, à chaque naissance elle m'a surprise : donc j'avais cette personne-là dans mon ventre… Toi, tu as un joli visage rond de bébé. David, mon enfant, mon troisième fils, et je peux te dire maintenant que la couleur de tes yeux, tes cheveux foncés, ton corps menu et tiède me rappellent ton frère, notre fils cadet. Un air de famille, quoi. Mon cœur de maman déborde d'une tendresse infinie pour toi.

Eh non…

Tu ne seras pas un bébé élastique, tu ne seras pas un bébé pâte à modeler, on ne va pas refaire ta petite figure avec douze opérations. Tu garderas toujours ces traits-là. Ceux de la photo de l'enveloppe, que j'ouvrirai peut-être un jour. Cette fameuse enveloppe, j'en parlerai plus tard dans ce récit sur nous.

Je suis contente de t'avoir rencontré et touché (ou plutôt effleuré). Tu resteras dans mon cœur comme quelqu'un de réel, un petit être fait de chair et de sang comme nous tous, qui a bien existé, même si ce moment entre nous était beaucoup trop court.

## Déjà te dire au revoir

Combien de temps dure cet échange ? Très bref, je ne veux pas m'attacher à ce bébé encore tout tiède de vie. C'est trop pour moi. Heureusement, Jessica, la toute jeune femme à la blouse rose Mashmallow et au prénom de série télévisée, reste disponible, à mes côtés, guettant mes réactions, cherchant à satisfaire mes besoins. Je lui rends le bébé après quelques minutes. Elle a déjà donné naissance à tant d'autres enfants, vivants ou morts, elle ne semble pas dégoûtée... Pour elle, tu es juste un enfant parmi d'autres, un petit ange né sans vie. Elle en voit plein, des comme toi. Elle te ramène, là-bas, derrière cette porte. Où exactement ? Je ne me suis jamais posé cette question avant, tiens. C'est en écrivant ce texte que je m'interroge sur le lieu précis où elle a bien pu te déposer. Dans une boîte ? Elle t'a rendu à l'opérateur à la blouse bleu foncé ? Qu'est devenu ton petit corps, juste après ces courts instants ? T'a-t-elle fait descendre à la chambre froide directement ? Je préfère ne pas savoir, en fait. Je n'ai qu'une seule crainte : que tu aies froid.

*

Trop vite. Je t'ai rendu bien trop vite à la sage-femme, qui t'a repris dans ses bras, comme un nouveau-né normal. Elle est sortie, sa queue-de-cheval châtain clair oscillant de gauche à droite, le pas enjoué, Jessica, dans sa blouse rose couleur Mashmallow, du haut de ses 25 ans. Cette blouse rose et cette oscillation restent gravées dans ma mémoire comme les dernières images de ton départ.

*

Je reste assise sur le lit et Marco est entré de nouveau dans la chambre sans fenêtre. Avant l'accouchement, on avait remis au personnel soignant ton pyjama, ton petit bonnet, le drap et la carte du David de Chagall. L'autre est restée à la maison dans le dossier gris clair où je conserve le peu de souvenirs qu'il me reste de toi.

« Sur la carte, j'ai écrit quelques lignes en français.

– T'as écrit quoi ? Un poème ?

– Et tu sais quoi ? J'ai oublié ! Moi qui note tout sur des carnets, d'habitude, aucune trace de ces quelques mots que j'ai écrits pour toi.

– C'est pas grave, maman…

– Quand même… des mots si importants, qui sont partis avec toi, eh ben, plus aucun souvenir de ces mots-là…

– Il faut accepter les trous de mémoire dans notre histoire.

– Après moi, papa a aussi écrit quelque chose sur la carte, surtout pour me faire plaisir, je crois…

– Sûrement qu'il n'était pas à l'aise avec tout ce rituel. Ému, aussi, peut-être…

– Il a écrit en italien, ça je m'en souviens bien. Tu comprends les deux langues, n'est-ce pas ?

– Oui, bien sûr !

– Quelle question idiote, excuse-moi ! »

*

17 heures – ça y est, c'est fini. On me ramène en fauteuil roulant, comme je suis venue. Dans la chambre de la maternité des grossesses à problèmes, mon mari me tient compagnie, sans savoir quoi faire, quoi dire. Je suis sur le point de m'endormir, l'anesthésie m'a complètement assommée. Lui, il doit être vidé émotionnellement aussi, à être resté là à attendre, debout, rentrer, sortir, garder coûte que coûte cette posture impassible d'homme fort et digne devant les médecins, et essayer de me dissimuler sa propre angoisse. L'accouchement n'a pas dû être facile pour lui non plus. Il rentre à pied retrouver nos enfants et mes parents. Maintenant, je me demande ce qu'il a pu penser, quand il faisait les allers-retours entre l'hôpital et la maison. Ce qu'a bien pu éprouver son cœur quand je l'ai appelé à 6 heures ce matin d'octobre si spécial, pour l'informer des premières

contractions et de la naissance de son enfant qu'il ne verra jamais. Et en rentrant ce soir-là, le 29 octobre 2013, vers 18 heures, qu'a-t-il ressenti exactement ? Il ne me l'a jamais dit et, si je le lui ai demandé, il a dû répondre de manière évasive, un truc banal, et passer à autre chose, très vite.

Je suis sur le point de m'endormir.

Juste avant de sombrer dans un sommeil sans rêves, je pense à toi.

...

Je pense au roi David de Chagall, à son grand manteau rouge foncé et à toutes ces couleurs vives de cette toile monumentale...

Toi, tu es tout gris. Un gris clair, couleur cendre.

Tes cheveux noirs.

Ton pyjama blanc et ce bonnet blanc aussi, trop grand pour ta minuscule tête.

Emmailloté dans ce drap en coton blanc aux liserés orange et vert, très seventies.

Un drap de berceau, qui a servi pour moi, ma sœur, tes frères et enfin toi. Je l'avais lavé avec de la lessive liquide bio juste avant ; je confirme que c'est mieux pour la peau délicate des bébés.

Et cette carte postale colorée, une reproduction de la toile que j'avais aimée à l'expo, cet été, à Paris.

Et ces mots griffonnés pour toi, en français, en italien. Des mots oubliés aujourd'hui.

Tu t'en es allé, avec un peu de chacun d'entre nous.

Ce mardi 29 octobre 2013.

Au revoir, mon bébé.

J'ai été si heureuse de te rencontrer.

*

C'était un bel accouchement et je n'ai pas souffert. L'anesthésiste a accompli une prouesse médicale étonnante : anesthésier mon corps et mes émotions, deux en un, pour que tu naisses facilement, sans rajouter de la douleur à cet instant déjà grave. La médecine fait des miracles, décidément.

Pas de bébé, mais pas de douleur non plus, c'est déjà ça. Il ne reste plus rien.

Il nous restera ces mots pour que tu saches : ce jour-là, si spécial, mon cœur de maman, même sous anesthésie, était bien là. Avec toi.

## J + 1

Un employé d'état civil s'est déplacé jusque dans ma chambre et rédige devant moi l'acte d'enfant sans vie[1], après nous avoir demandé notre accord. Il me pose des questions avec beaucoup de tact. Quand il me demande le prénom de l'enfant, j'annonce « David », d'une voix nette et franche, sans drame, sans larme. Il lève les yeux et murmure, en nous regardant, nous, les parents : c'est un très beau prénom. Puis il nous informe que nous avons la possibilité de récupérer le corps de l'enfant. Dix jours. Nous avons dix jours pour

1. Depuis la loi du 8 janvier 1993, article 79-1 du Code civil, les enfants nés sans avoir vécu peuvent être déclarés à l'état civil. Un acte d'enfant sans vie est établi et énonce le jour, l'heure et le lieu de l'accouchement. Cet acte, inscrit sur les registres de décès, permet notamment d'attribuer des prénoms à l'enfant, de désigner ses parents, de l'inscrire sur le livret de famille à titre de simple mention administrative, d'avoir accès à certains droits sociaux et autorise les parents à réclamer le corps de l'enfant afin d'organiser des obsèques. Il faut préciser qu'un enfant sans vie n'a ni filiation, ni personnalité juridique, ni nom de famille, car il n'a pas d'acte de naissance. (Source : Union nationale des associations familiales [UNAF].)

te reprendre si nous le désirons. Dix jours, c'est la loi, selon l'article R. 1112-75 du Code de la santé publique. L'acte sera disponible d'ici une petite semaine au bureau d'état civil de l'hôpital, au rez-de-chaussée. Il me tend une carte avec le numéro de la chambre mortuaire où je peux me rendre à tout moment.

En fin de matinée, le flamboyant professeur passe pour signer l'autorisation de sortie et me remettre mon certificat médical d'accouchement. Il est accompagné d'un interne de service et d'une sage-femme, pas celle de la commission, pas celle de l'accouchement, une autre. Vous prendrez bien un peu de fer pour vous reconstituer. Et sinon, la montée de lait ? On vous a bien donné le cachet, hein ? Voilà, c'est fait.

La sage-femme me remet une photo de toi dans une enveloppe. Impossible de l'ouvrir maintenant, on verra plus tard. Elle me donne aussi les « empreintes » de ton pied et de ta main faites à l'encre noire sur une feuille épaisse, de couleur fuchsia, du papier épais recyclé. Au dos de la cartonnette, le logo avec le cœur bleu, celui de l'AP-HP, l'Assistance publique - Hôpitaux de Paris. Merci à l'hôpital, merci à Paris de nous avoir assistés : on en avait besoin. On s'est tout dit, et nous voilà à présent silencieux, vidés après la bataille. Tout s'est bien passé, dit le professeur V. d'un ton satisfait. En effet, on a évité le pire… On se serre la main, comme après de longues négociations où chacun repart avec le sentiment d'avoir obtenu ce qu'il souhaitait. On se remercie « pour tout ». Au moment de prendre congé, le professeur V. me dit : votre histoire ne s'arrête pas à l'accouchement d'hier ni à la naissance. Il y a l'après. Prenez soin de vous.

J'apprécie ces mots. Je le regarde partir, sa blouse blanche flottant autour de ses longues jambes. Vraiment un beau mec.

Je rassemble mes affaires, ton papa ferme derrière moi la porte de la chambre individuelle à la tête de lit en contreplaqué jaune orangé. D'un coup, une chose me surprend dans ces couloirs du dernier étage de la maternité : aucune odeur, même pas celle du détergent des collectivités. Ces couloirs ne sentent pas l'odeur de l'hôpital… lieux aseptisés, comme mes sentiments en ce moment. Cinq minutes de marche et nous serons à la maison. Nos pas nous éloignent progressivement de l'hôpital, de toi, te laissant dans la chambre mortuaire, à 500 mètres de chez nous. On sera proches l'un de l'autre. Encore pour dix jours.

Voilà. C'est fini.

*

Tes frères sautent de joie en me voyant de retour. Savent-ils pourquoi je suis partie ? Ils prononcent « hôpital, hôpital ». Sans doute perçoivent-ils ma tristesse ; ils s'assoient tout contre moi sur le canapé du salon avant de sauter dessus une minute après. Personne ne dit rien, on a tous un nœud dans la gorge, on fait comme si de rien n'était. Ma mère vaque à droite, à gauche, mon père m'apporte une tasse de café. C'est trop tôt pour l'apéro. Sa blague tombe à plat.

« Et si on allait à la tour Eiffel ? C'est l'occasion, on est à Paris et les enfants ne l'ont jamais vue.

– Euh… pourquoi pas…, me répond-on sans enthousiasme. (Silence de ma mère.)

– Tu ne préfères pas te reposer un peu, plutôt ? suggère mon père.

– Oui, reste tranquillement à la maison, cet après-midi tu fais une petite sieste, hein ?

– Ben quoi ? Vous voulez quoi ? Que je reste à pleurer, assise sur ce canapé ? Non, je préfère aller à la tour Eiffel cet après-midi.

– OK, OK, on y va avec les enfants après déjeuner. C'est direct avec le 87, conclut ma mère.

– Au fait, il est où, le bracelet de naissance que je viens d'enlever ? Il était là, juste là, sur la table, à côté de ma tasse.

– Je l'ai jeté, dit ma mère. Tu en avais besoin ? »

Là, au bord de la crise de nerfs, je récupère le bracelet dans la poubelle en hurlant comme une possédée : c'est le SEUL souvenir qu'il me reste de mon fils. Vous comprenez ? Le seul !

*

Nous cinq, avec ma mère, au deuxième étage de la tour Eiffel. Temps clair. Paris sous nos pieds.

*

Le soir, avant d'aller me coucher, mon père, en pyjama à rayures, vient s'asseoir sur le bord du lit avec moi. Un peu bourru, comme toujours, il tente de me réconforter, avec une économie de mots, c'est si difficile de trouver ceux qui ne blessent pas : « Alors, tu as de la peine ? Il ne faut pas regretter, tu sais. » Ainsi, dans toute cette histoire, celui qui n'avait entendu parler que d'examens médicaux et de fœtus à éliminer a aussi perçu ma peine. Pendant les heures qui suivent, on fait tous des trucs absurdes, histoire de détourner notre attention de ce qu'il vient de se passer. La tour Eiffel juste après ma sortie de la maternité et, le soir même, Marco va s'enfermer au cinéma à Bercy pour voir un film de robots.

Pour se vider la tête sans doute. J'aurais bien aimé qu'il reste avec moi.

*

Il est temps de rentrer au Kazakhstan. Mari et enfants ont essayé une autre compagnie aérienne, Lufthansa, en espérant que le voyage soit moins long. Encore un vol interminable, pas direct, avec une correspondance à la con, cette fois c'est Prague. Pfff. Pourquoi on habite aussi loin ? Les enfants ont école, Marco a des réunions. Et moi ? J'ai quoi à faire, moi ? Moi, j'ai le budget 2014 à préparer. Puisque je ne serai pas en congé maternité.

Je reste à Paris, pas envie de rentrer « là-bas » après « ça ». Tant pis pour le budget. Arrêt maladie. Quatre jours après mon accouchement, je décide de partir à Copenhague chez une copine. Ça m'a pris d'un coup. Elle a beaucoup insisté, et prendra même un jour de congé pour passer la journée avec moi. Copenhague : j'y vais. Ben quoi ?

Pour le moment, c'est comme si cet accouchement n'avait pas eu lieu, jamais existé : je n'ai mal nulle part – ni aux seins, ni au vagin, ni au ventre.

## Du lait et du sang

Moi qui n'ai jamais allaité tes deux frères, voilà que le lait s'écoule de mes seins et tu n'es pas là.

Le soir, devant la télé, le lait mouille ma chemise de nuit en pilou. Je ne pleure pas. Je me lève et je vais terminer ma valise. Demain mon avion décolle à 8 heures pour Copenhague.

Ma famille aurait voulu commenter mon choix, mais personne n'a osé, on contrôle chaque mot qu'on prononce devant moi, je suis au bord de l'explosion. Franchement, partir à l'étranger seulement trois jours après cet « événement », elle ne serait pas mieux avec ses autres enfants et son mari ? Pourquoi elle ne reste pas à pleurer chez elle ? Non justement, le Danemark, c'est mieux que Paris. Je ne peux plus voir les brasseries, les boulevards parisiens et tous les autres lieux où je suis passée sans être malheureuse et penser à ma grossesse de cet été.

Alors Copenhague en novembre, bof. J'ai vu *La Petite Sirène* mais, franchement, quelle arnaque. Je reste dans l'appartement de mon amie, emmitouflée dans une couverture sur le canapé, à boire du thé qu'elle me sert dans un service au design scandinave. Tout de suite après l'accouchement, je me sentais bien. Une semaine après, j'accuse le coup. Le lait n'a coulé qu'une seule fois et, aujourd'hui, une semaine exactement après ta naissance, je perds du sang et, soudain, une grosse fatigue et des hémorroïdes. Eh oui ! J'ai vraiment accouché par voie basse, ton petit corps de 1,2 kilo, je crois, est passé par là.

Le lait et le sang s'écoulent de moi : je les accueille comme une manifestation de toi, comme une preuve que tu as bien existé.

Un après-midi, mon amie me propose un déjeuner dans un lieu qu'elle a choisi pour moi, elle sait qu'il me plaira : le restaurant du musée de la galerie Carlsberg. On discute une bonne partie de l'après-midi, dans ce lieu à la fois intime et monumental, entourées de statues classiques et de plantes tropicales. Elle me dit : tu as bien fait. En France, il n'y a pratiquement aucune structure qui aurait pu accueillir ton enfant s'il avait eu trop de problèmes. Tu as bien fait. Ne culpabilise pas.

Sous la coupole de la galerie, je me sens réconfortée, écoutée et rassurée. Je lui suis reconnaissante de m'accueillir chez elle dans mon état. Et puis quand je serai de retour à Paris, les dix jours seront passés, il ne sera plus possible de récupérer ton corps, déjà transféré au crématorium du cimetière pour l'incinération.

## Enfant sans vie

Je suis venue chercher quelques jours plus tard ton acte d'enfant sans vie.

Pour un enfant mort-né, on délivre un acte d'enfant sans vie et non un acte de naissance.

David, enfant né sans vie.

VIE. VIE. VIE.

Tu es rentré dans ma vie un après-midi de mai et tu en es ressorti trop vite ce 29 octobre 2013. Sans jamais être présent, tu feras quand même toujours partie de mon histoire, tu seras toujours là, avec moi et avec Marco, c'est écrit sur ce papier, cet acte.

J'ai demandé à mon père de m'accompagner pour ce moment symbolique, pour ne pas être seule. Après avoir retiré le document au bureau d'état civil de l'hôpital Trousseau, au rez-de-chaussée sur la gauche, je ressens le besoin de flâner dans le grand hall où j'ai passé tant de temps ces dernières semaines. J'entraîne mon père à la cafétéria, un Relais H où j'achetais souvent, entre mes rendez-vous, des revues et des confiseries de manière compulsive. Je commande deux cafés et deux rochers Suchard au chocolat au lait, les rouges, mes préférés. Je lui montre l'acte. La seule chose qu'il trouve à me dire, c'est :

« Ça va te servir à quoi ? »

Je le regarde sans comprendre.

« Bon, je recommande un café, tu veux quelque chose ? » me dit-il enfin.

Tant de fois mon esprit s'est dissocié de mon cœur. Quand mon père prononce cette phrase complètement à côté de la plaque, cela se produit une nouvelle fois. Je reprends un Suchard rouge. Trop sucré dans ma bouche. Nausée.

*

La chambre froide de l'hôpital est si près de chez moi… et je ne suis pas venue te voir une seule fois. Dix jours pour te reprendre, mais qu'aurais-je fait de ton petit corps inanimé, hein, mon bébé ? Tu t'en es allé, comme ça, ou plutôt je t'ai laissé partir sans réagir. Le cimetière, les obsèques, il aurait fallu encore déployer beaucoup d'énergie pour l'organisation, et je n'en avais plus après avoir autant lutté pour convaincre les médecins de ne pas te faire naître. Épuisée. Je ne pouvais pas. En plus, j'étais seule, ton père avait dû rentrer au Kazakhstan avec les enfants pour le boulot, l'école, la vie qui allait reprendre comme avant, sans toi, oui, exactement comme avant.

Je suis triste à l'idée qu'il n'y ait pas un endroit pour toi où l'on puisse venir te voir, se « recueillir », on a si peu de souvenirs de toi. Mais franchement, qu'est-ce que j'allais me traîner à organiser des obsèques, reprendre ton petit corps tiède devenu un bloc de marbre tout gris, te choisir un cercueil de bébé tout blanc, de la même couleur que ton pyjama, te trouver une tombe alors qu'on n'a pas de cimetière ni de caveau familial… Je suis sûre que ton père aurait choisi des marguerites blanches pour ton cercueil, moi des roses rose clair, mes préférées. J'adore les roses.

Bref, te savoir si proche de moi sans avoir la force de venir te voir une dernière fois m'était insupportable. Pour m'occuper la tête, j'ai fait des lavages à 90 degrés avec des torchons. Quand tout a été lavé, séché, plié, repassé et rangé, j'ai cherché un vol pour aller chez mon amie. Trop cher avec SAS, alors j'ai utilisé tous mes Miles Air France, payé le surplus de taxes aéroportuaires et je suis partie loin de l'hôpital, au Danemark.

*Bah, la chambre mortuaire de l'hôpital, c'est pas un endroit pour toi, surtout dans ton état. T'as bien fait, maman, je te comprends. Tu m'avais prévenu que tu ne viendrais pas, et pour une fois tu n'as pas changé d'avis, donc ne regrette pas maintenant, ça ne sert à rien. Je le sais, maman, que t'y pensais tout le temps… Vite, vite, qu'ils emmènent le corps, que ces dix jours passent le plus vite possible… T'es torturée, oui je sais très bien ce qui a pu te passer par la tête : mon fils est juste là, à côté d'ici, bien rangé dans un casier coulissant de la chambre mortuaire de l'hôpital Trousseau, à quelques centaines de mètres, et moi je ne vais même pas le voir.*

*Et BIEN SÛR que je le sais… que t'aurais aimé me protéger de toute cette merde qui m'est arrivée et du froid aussi. Oui, avec le drap ça allait, et le pyjama, aussi, tout était très bien, non promis, je n'ai pas froid. T'es une bonne maman. Vous êtes de bons parents.*

*Franchement, avec papa vous avez eu raison. Il n'y avait rien de mieux à faire, tout de suite après. Le 30 octobre 2013, vers quinze heures, soit exactement vingt-quatre heures après ma naissance, tu dominais Paris du haut de la tour Eiffel avec mes frères, papa et notre grand-mère. Excellent !*

*Et il y a cette photo qu'elle a faite de vous quatre au pied du Champ-de-Mars. Tu portes cet imperméable gris de chez Etam, un peu difforme... Tu souris sur la photo, t'es belle, maman, pour une femme qui a accouché la veille et s'est tapé une anesthésie de choc, vraiment, t'es bien, non je ne trouve pas que t'as le teint jaune. J'aime cette photo de vous tous. Quand vous feuilletez l'album où elle est classée, Paul se souvient de l'ascenseur de la tour Eiffel et rit à propos de Nicolas qui dormait dans sa poussette... Vous en parlez souvent en riant.*

*Et pour moi, c'est comme si j'étais là avec vous.*

## Et après ? Retour dans la vraie vie

Comment faire son deuil d'un bébé né sans vie ? Comment continuer sa vie après avoir exigé si fort du corps médical la mort de son propre enfant ? Comment se dire qu'on a été parents d'un enfant qui a à peine existé ?

Si peu de temps après la naissance de mon bébé, il ne reste rien et mon corps lui-même n'a gardé aucune trace de cette grossesse. Pas de vergeture, même pas un petit kilo en plus, rien.

R.I.E.N.

Alors ?

Écrire donne du pouvoir.

Écrire mon histoire permet de me la réapproprier et de ne laisser ce pouvoir ni aux autres ni au temps, ce temps qui finit par tout mettre en perspective. Le temps, parlons-en, justement. Il paraît qu'il en faut pour... Pour quoi ? Oublier ? Accepter ?

Mon histoire, et celle de mon enfant né sans vie, je n'ai pas d'autre choix que de l'écrire. Pour que l'enfant existe quand même. Et ceci n'a rien à voir avec le temps qui soi-disant fait oublier la douleur. Parce que cette douleur, je me la trimbale partout avec moi, comme une valise un peu encombrante.

10 novembre 2013 – selon l'agenda mental de cette grossesse que je tiens dans ma tête, les dix jours sont passés. Aujourd'hui ou demain, les services mortuaires de l'hôpital Trousseau auront déjà transféré ton petit corps au cimetière du Père-Lachaise pour l'incinération. Dans quelques jours encore, tes cendres, mêlées à celles d'autres personnes, seront dispersées dans le vent de novembre au cimetière de Thiais.

*

Aux autres femmes, à tous, au monde entier, j'ai envie de HURLER ce qui m'est arrivé, qu'on sache ma souffrance de mère, l'innommable que j'ai vécu. Mais je ne dis rien et moi aussi je fais comme si de rien n'était.

J'aimerais parler de toi, de ma stupeur d'avoir été contrainte à ce choix, de mon abattement, qui m'assomme, comme ça, à l'improviste, le matin, en milieu et fin d'après-midi, et le soir aussi.

J'aimerais qu'on me réconforte, qu'on m'emmène au Spa, qu'on me sorte, qu'on me propose un ciné – ah, il n'y a pas de ciné ici, ben qu'on me propose une virée shopping alors… qu'on me change les idées, quoi…

Et puis aussi j'aimerais qu'on me donne des conseils intelligents, pour que j'arrête de penser à tout ça, tout le temps. Des vrais conseils, hein, pas des phrases toutes faites, à l'emporte-pièce, du style :

« C'est mieux comme ça. » *(Qu'est-ce que t'en sais…)*

« La nature fait bien les choses. »

« Tu vas en faire un troisième, euh pardon, un quatrième ? »

« Le boulot va te changer les idées. » *(Ah, ça, c'est sûr.)*

« Heureusement que tu as déjà deux beaux enfants. » *(Ma préférée.)*

*

... Angoisses...

Dans quelques jours, reprise du travail, comme si de rien n'était, comme si cette maudite parenthèse n'avait jamais existé. Avoir envie de hurler, d'informer tout le monde. Dans quelle langue ? On parle russe ici. Ne me poussez pas dans le bus, au supermarché, je viens d'accoucher, espèces de brutes ! Et faites-moi un sourire, j'en ai besoin. UN SOURIRE. Ce n'est pas compliqué, non ? Pourquoi les gens de ce pays sont-ils si sinistres ? Tout est gris autour de moi. Non c'est pas vrai, au-dessus de ma tête se déploie le grand ciel bleu d'Asie centrale, un ciel bleu foncé et lisse. Pourquoi je le vois gris, alors ?

*

Un lundi de fin novembre, moins de trois semaines après mon accouchement (tu es né un mardi), je suis de retour au bureau. Le ventre plat.

« Euh... vraiment plat, maman ?

– Ouais, t'as raison, je n'ai jamais eu le ventre plat. Enfin, tu vois ce que je veux dire, quoi.

– Oui. Sans moi. Sans bébé, sans photo à montrer, sans joie, sans questions auxquelles répondre et...

– Eh, oh, c'est moi qui parle ! »

Donc je reviens le ventre plat, je tiens à cette image. Je me sens ce genre de femme-là : une femme enceinte de sept mois, qui retourne en France, dans son pays, et en revient sans bébé. Cette Française est une sorcière, ont sans doute pensé mes collègues kazakhs. J'imagine que mon chef, le directeur commercial, a dû annoncer à l'équipe de vente ce qu'il s'était passé pour moi, en quelques mots sobres, sans s'épancher, comme il m'a informé qu'Igor avait déclaré un diabète et qu'Azat allait être licencié. Sans trop d'émotion, informatif, finalement. « Elle reviendra dans quelques semaines, elle a eu des soucis personnels. » Voilà, il a dû dire un truc de ce genre-là.

J'aurais aimé que les gens de la communauté expatriée ou encore mes collègues soient tristes, qu'ils partagent ma peine avec moi. Mais dans mon entourage, on fait comme si de rien n'était. Au bureau, après un mois d'absence, aucun commentaire, rien.

Ne pas pouvoir se confier aux autres femmes d'expats que je continue de fréquenter en pointillé, entre deux déjeuners ou cocktails en ville, faut bien socialiser.

Ne pas pouvoir en parler avec lui, le père, car « maintenant c'est fini et il faut aller de l'avant ». Aller à l'avant de quoi, exactement ? Franchement, je me le demande. La seule perspective que j'ai à court terme c'est de me projeter dans le plan commercial de 2014.

Ne pas pouvoir en parler, sauf à la psy qui me suit, mais qui semble aussi désemparée que moi. Tu parles d'un soutien.

Quel est le sens de tout cela ?

*

Fin de l'automne : en ville, tout est terne et moche. Je me demande vraiment ce que je fous là, isolée, au fin fond de l'Asie centrale. En plus tu n'es même pas là. Si au moins j'avais un tout petit bébé à emmitoufler dans une combinaison bleu ciel avant d'aller faire un tour avec le landau, sur les trottoirs enneigés, comme c'était prévu. Mais non. Les grandes avenues soviétiques d'Almaty me semblent encore plus sinistres. Sur l'interminable avenue Abaï, vers mon bureau, déjà il n'y a plus de feuilles aux arbres.

*

Et si je restais à la maison ?

Bof.

J'ai bien fait de retourner travailler plus tôt que prévu, ça me fera une distraction et il faut meubler mon esprit avec autre chose que toutes ces pensées nocives qui tournent en boucle dans ma tête. Réintégrer la vraie vie et le monde des vivants va peut-être me faire sortir de ce brouillard dans lequel je flotte depuis quelque temps. Je me dis qu'il faut que je fasse des trucs pour me sentir vivante, c'est essentiel de se sentir vivre physiquement, comme pour contrebalancer le fait d'avoir donné la mort à mon enfant. On s'occupe la tête, on répond à quelques e-mails, on réfléchit à une phrase convaincante pour rassurer ce client impatient, hein, rien de très compliqué, juste sujet-verbe-complément, on se rend utile et ça permet de faire quelque chose. Entreprendre quelques actions concrètes, se dire qu'on existe vraiment – qu'on existe par autre chose qu'une grossesse ratée.

J'assiste à de vagues réunions de prébudget (une obsession dans cette boîte) où je suis complètement ailleurs. Il est question de volumes, de marges, de perspectives pour l'année prochaine, de changement de gammes. Rien pigé du tout, bah j'ai une excuse, la réunion était en russe. Puis il faut faire « les prévisions d'atterrissage de l'année 2013 ». À combien de tonnes on va clôturer ? Ah ça, c'est la grande question du moment pour le bonus des commerciaux. Ah oui, mon bonus. Et moi, alors ? Oui, boucler l'année. J'aime cette image : qu'on en finisse avec cette année pourrie, je ne demande que ça, passer à l'année prochaine. Tant pis pour le bonus.

Dehors il neige.

8 000.

Voilà, c'est bien 8 000, c'est rond, ça sonne bien. À vue de nez, comme ça, je pense qu'on va clôturer cette putain d'année 2013 à 8 000 tonnes, enfin, j'ai calculé vite fait, comme ça, sans vraiment vérifier auprès de l'équipe de vente. Pas le courage d'appeler mes collègues pour discuter avec eux du marché et des perspectives de fin d'année, j'ai trop peur qu'ils me demandent comment je vais ou, pire, qu'ils ne me demandent RIEN. J'inscris le chiffre dans la colonne AJ ligne 41 du fichier Excel que mon chef m'a renvoyé il y a quatre jours. Ce matin, il m'a relancée, tu n'oublies pas le fichier ? Il l'a fait avec délicatesse, il se doute que je suis fragile. Mission de la journée : écrire le chiffre. C'est fait. Fière. C'est déjà une action énorme pour mon esprit handicapé.

8 000 tonnes. Huit et trois zéros. VOI-LÀ.

Sauvegarder. Fermer le fichier. Envoyer. Fini.

E-mail d'accompagnement :

Please find attached my closing forecast for 2013.

*Bye bye 2013. Fuck 2013.*

Non, pas écrit *f...*

Même si j'aurais bien aimé.

*

Dehors, la nuit commence à tomber. Une forte angoisse me serre la poitrine. 17 h 30, je n'en peux plus, il faut que je sorte de ce bureau surchauffé, je prends ma voiture pour aller la voir. Elle m'a reçue en urgence toutes les fois où j'en ai eu besoin, elle a suivi tous les rebondissements de notre histoire. La surprise de ma grossesse, l'émotion de l'annoncer à mes proches en France, la découverte de ta malformation, les disputes avec papa sur l'endroit où on allait te faire opérer. Elle m'a même écrit un long texto d'encouragement quand j'étais en France, à me débattre avec tout ça.

Ma psy. Une Kazakhe d'origine russe. Anastasya. Pendant nos séances en anglais, j'ai le sentiment qu'elle est aussi désemparée que moi et qu'elle n'est qu'un réceptacle de ma souffrance. Elle parle peu ; elle accueille avec bienveillance mes mots tour à tour enragés ou désespérés et mon attitude pleine de désarroi et d'abattement. Et surtout, elle essaie de me le dire, que ce verre de vin que j'ai bu un soir n'a rien à voir avec la malformation qu'on t'a découverte. Et elle rajoute, en chuchotant presque : et vous le savez aussi bien que moi.

« Et tu sais ce qu'elle a aussi dit, chéri ?

– Dis-le, maman. T'as envie de le dire et de l'écrire, alors fais-le.

– Elle a dit, ma psy kazakhe a dit : un petit verre de vin rouge n'est rien par rapport à la quantité de vodka que les femmes d'ici engloutissent, y compris pendant leur grossesse.

– Ouais, OK, mais c'est pas ça le plus important, la psy te l'a expliqué, papa aussi…

– Oui. Elle a dit : on ne connaîtra jamais la cause exacte de ta malformation.

– Ben voilà… Tout le monde te le rabâche, maman… On ne sait PAS. Il y aurait des tas d'explications à la fente, mais on ne sait pas. C'est tout. »

J'aimerais tellement la/le/vous croire. Et même si elle/il/on essaie de me déculpabiliser, je me sens responsable. C'est à cause de moi que tu n'es pas né.

Lui parler me fait du bien, sur l'instant.

Il est 20 h 30, j'ai beaucoup parlé… Je sors du parking enneigé, ma voiture dérape sur le sol gelé. Putain d'hiver, de neige, de froid, de pays. Pas envie de rentrer à la maison – je vais aller manger des sushis sur l'avenue Fourmanov. Je ne préviens pas Marco. Est-ce qu'il s'inquiétera pour moi ? 23 heures, douze makis California plus tard et quatorze appels en absence. Oui.

*

Au boulot, j'essaie un peu de faire semblant, mais le cœur n'y est pas, je m'y prends mal et ça se voit. Aujourd'hui, je bâcle ma négo commerciale avec ce client, que je n'ai pas convaincu ; clairement, je ne maîtrisais pas le sujet. Deux de mes collègues me regardent, atterrés, mais ne disent rien.

## Se consoler

Décembre – pour me distraire, mon mari me traîne à la soirée de Noël organisée à l'Intercontinental par la communauté expatriée, un bel endroit qui me changera les idées. Je rentre dans ma robe noire de cocktail, c'est déjà ça. Entre les coupettes et les petits fours, je recroise des gens, je bavarde avec les femmes, surtout. Certaines savent pour mon bébé interrompu, d'autres pas. Ceux et celles qui osent m'en parler me donnent de bons conseils. Ah, les conseils non sollicités, j'adore. Il y a une nana qui vient de prononcer une phrase qui me blesse, j'ai envie de la gifler, et je ne peux pas, là. Même submergée d'émotion, je dois bien me tenir, je suis dans un cocktail en ville. Je reprends une coupe, donc.

Alors des phrases pourries, j'en ai entendu à la pelle pendant toute ma grossesse à risque, mais je crois que c'est à cette occasion que la pêche a été la meilleure. C'est sans doute l'esprit de Noël… Je note le « best of » des insanités entendues ce soir-là :

« Vous avez fait le bon choix. » *(Avait-on le choix, ai-je envie de lui cracher à la figure.)*

« Il faut passer à autre chose. Tourner la page. » *(Tu es une page, David, triste à dire, mais tu n'es qu'une page de ma vie.)*

« Il faut aller de l'avant. » *(Ah ouais, quand même !)*

« La vie continue. » *(Pas mal, hein ! C'est vrai qu'en entendant ça, j'ai tout de suite envie d'être vachement plus gaie, de m'éclater, et tiens pourquoi pas d'aller en boîte. Hein !! Ben ouais. Je ne réponds rien à cette personne qui me donne ce conseil si avisé, elle risquerait d'être déçue de ma réaction.)*

« Une fausse couche, c'est le lot de beaucoup de femmes. J'en connais plein d'autres à qui c'est arrivé aussi. » Cette dernière phrase, vraiment pas mal non plus… Les autres femmes ? *(Et moi, alors ?)*

Il y a celles dont l'enfant est mort quelques jours ou quelques heures avant la naissance, dans leur ventre.

Il y a celles qui ont avorté à onze semaines (toxoplasmose).

Il y a celles qui ont fait une, deux, quatre, six fausses couches avant d'avoir leur bébé.

Il y a celles qui ont accouché de bébés prématurés à quelques semaines du terme et dont les bébés sont morts quelques jours ou quelques heures après leur naissance. Quant à moi : je t'ai désiré, attendu, j'ai espéré te sauver et j'ai finalement décidé de ne pas te faire exister. IMG.

Ces trois lettres me hantent et résument la seule chose que j'ai faite pour toi : ne pas te donner la vie pour t'éviter – et nous éviter – plein d'emmerdes.

Joyeux Noël.

*

Dans la boîte, je suis la quatrième femme à avoir fait une fausse couche. Deux avant moi ont perdu leur enfant. Et tout au début de l'été dernier, Yuilia, une de mes collègues du service commercial, a dû interrompre sa grossesse à seize semaines. Je me demande si on est moins triste quand on avorte à seize semaines plutôt qu'à vingt-neuf. On a eu le temps de moins s'attacher à l'enfant, non ?

Pourquoi autant de fausses couches dans mon environnement proche ? L'eau ? Le lait ? L'air qu'on respire ? Oui, une substance néfaste doit traîner quelque part, des pesticides sur les légumes ou les céréales ? Il n'y a pas de bio, ici… Je m'accroche à cette idée. IL DOIT BIEN Y AVOIR UNE EXPLICATION, merde.

La psy me le dit, tout le monde me le dit : on ne saura jamais.

Cette réponse, ça ne m'aide pas trop, là…

*

L'hiver se traîne. Je déprime avec toute cette neige et tout ce gris. Je ressasse en boucle des faits idiots. En 2013, j'ai accouché d'un enfant mort, atteint d'une trisomie 13. Je me mets à penser que le chiffre 13 porte malheur.

Bonne année 2014.

L'enfant aurait dû naître maintenant : entre le 1er et le 14 janvier 2014.

## Baby blues

Hiver 2014 – je reçois un e-mail sobre de mon père avec une pièce jointe scannée en basse définition. J'arrive à peine à la lire. Il s'agit d'une lettre datée du 14 novembre 2013, sur papier à en-tête de l'AP-HP, je reconnais le cœur bleu. Pourquoi me l'envoie-t-il seulement maintenant ? Le papier a dû traîner dans son bureau, il n'osait pas l'envoyer ou alors il ne sait pas faire marcher le scan. Au choix. Bref, la pièce jointe m'informe :

À la famille M.

Madame, Monsieur,

Ainsi que nous vous l'avions proposé, vous avez souhaité être informé par courrier de la date de départ de votre enfant. Je peux vous indiquer que le corps de votre enfant est parti le 14/11/2013 pour la crémation au Père-Lachaise.

La division 94 du cimetière de Thiais est le lieu de mémoire où vous pourrez vous recueillir. 261, avenue de Fontainebleau, 94230 Thiais.

Nous sommes sensibles à la peine que vous éprouvez à l'occasion de cette épreuve et nous restons à votre disposition pour toute information complémentaire. Si vous le souhaitez, vous pouvez contacter notre équipe soignante au : 01 XX XX XX XX.

Je vous prie de croire, Madame, Monsieur, etc.

BD

Cadre supérieur de Santé

Pièce jointe : document du Père-Lachaise.

Je sais qu'il s'agit d'une lettre stéréotypée. Pourtant j'ai l'impression que la personne qui l'a écrite me connaît et qu'elle a choisi ces mots juste pour moi. Tiens, mon père a oublié de joindre le deuxième document. Je l'appelle à Paris, pas de réponse. Il est quelle heure là-bas ?

Thiais… Lieu de mémoire.

On aurait pu essayer de glisser ton petit cercueil tout blanc dans le caveau de famille dans le Vaucluse, à côté de mon grand-père, tu aurais été bien, là, entouré d'oliviers, de lavandes et du chant des cigales, toutes les ondes positives du Midi. Y aurait-il eu assez de place, je ne sais pas… pas eu envie de me poser la question des obsèques en novembre dernier.

Tu as donc atterri à Thiais, lieu de mémoire. Tu mérites mieux.

Ah, mais si, je me souviens ! Souvenirs, souvenirs. Lieu de mémoire en effet, j'étais venue en plein été au Leclerc de Thiais, en 2002 ou 2003, pour superviser une grande animation promotionnelle organisée pour une marque que je gérais. Le centre commercial était désert et j'avais discuté tout l'après-midi avec le responsable de l'agence marketing, qui essayait de me vendre d'autres prestations. 2003-2013, je ne savais pas que ce qui me lierait à Thiais, dans le département du Val-de-Marne, ce serait son cimetière où, pas loin de ce même centre commercial Leclerc, les cendres de mon troisième fils seraient dispersées un jour de novembre, dix ans après.

On me propose de venir m'y recueillir. Je ne sais pas si j'ai vraiment envie de faire du cimetière de Thiais un point de contact de notre histoire. Nous avons encore tellement de choses à nous dire. Nous avons toute notre vie pour nous parler, pour communiquer, tant d'anniversaires à fêter ensemble. J'ai bien le temps de trouver un lieu convenable qui me permette de me connecter à toi.

Octobre 2014, je serai où, je ferai quoi ? Et en octobre 2023 ?

*

Le docteur sud-africain de la clinique privée me diagnostique une « dépression post-partum », il prononce le mot tout doucement, pour ne pas me heurter. Je le regarde, méfiante. Un baby blues, moi ? Jamais. Il insiste : vous avez enchaîné trois grossesses à intervalles très rapprochés, dont la dernière…

Évidemment qu'il a raison : moi ici, au fin fond du Kazakhstan, loin de chez moi, trois mois après ta non-naissance, sans toi. Je te cherche, tu n'es pas là et aucune explication logique à tout ce qu'il s'est passé. Pourquoi tu étais malade, pourquoi c'est tombé sur toi, pourquoi la négociation de ton IMG a été aussi pénible ? Pourquoi tu es parti ? Que des pourquoi, et aucun début de réponse à ces questions qui me hantent. N'importe quelle personne saine d'esprit serait devenue folle.

Ici autour de moi, on ignore poliment, on glisse sur les faits. Que peuvent-ils faire pour moi de toute façon ? Le bureau ou les cocktails entre expats ne sont pas des lieux appropriés pour s'épancher sur les conséquences psychologiques d'une IMG.

Ce docteur chic de cette clinique privée voit clair, lui : c'est bien un baby blues puissance dix que je me tape. Un baby blues mais sans baby.

Je sors de là avec un arrêt de travail de trois jours, pour les antidépresseurs on verra plus tard. Sur le parking de la clinique, ma voiture est déjà recouverte de dix centimètres de poudreuse. J'ai oublié mes gants à la maison, comment je déblaie le pare-brise tout blanc, moi ? Avec la manche de ma doudoune ? De la neige rentre partout dans ma manche et dans mes boots et un méchant vent cingle mon visage.

Qu'est-ce que je fous là ? Je veux bien des pilules du bonheur, en fait… Docteur, refilez-moi de suite deux trois Xanax et télétransportez-moi ailleurs. AIL-LEURS.

On est à la mi-février 2014. Je reste à la maison trois jours sans sortir.

Dehors, il fait – 12 degrés.

Et dehors, dans le monde extérieur qui continue de tourner, en ville, au bureau, c'est l'effervescence : il y a eu une dévaluation de 30 % de la monnaie kazakhe, le tengué. Le montant de mes économies à la KAZKOM Bank vient de fondre d'un tiers. Eh merde. Dans quel pays je vis, à la fin ?

## Gris, couleur de cendre

Mars 2014 – soirée d'expatriés avec de la musique française, des quarantenaires de toutes les nationalités et du vin italien. Je réussis à parler de toi à deux personnes différentes, comme si tu avais vraiment existé. J'ai envie qu'on sache, qu'on m'écoute, qu'on me plaigne, et ça me prend comme ça, d'un coup.

Je fais la connaissance d'une Canadienne : depuis combien de temps tu es ici, que fait ton mari (ah ! le mari, la grande question entre femmes d'expats), tu as des enfants, tu habites dans quel quartier, enfin la neige a fondu, l'hiver a été long. Bref, on échange les banalités d'usage. Je ne sais pas comment c'est arrivé dans la conversation mais, à un moment, elle me confie le drame de son unique grossesse : elle a perdu ses jumeaux à six mois. Elle et son mari habitaient à Dakar à l'époque. Après, elle n'a pas pu avoir d'enfant ; ils ont adopté un petit garçon africain. Je l'écoute en buvant avec elle des verres de vin rouge, en espérant lui raconter ma propre histoire ensuite, pour me soulager. À son tour, elle m'écoute avec intérêt et adopte l'attitude de circonstance. C'est ce que j'attendais.

On va danser ? On reboit du vin italien ?

Je m'assois un instant sur une chaise libre à côté d'Isabelle, l'orthophoniste, une expatriée française que j'aime bien. Ça faisait un moment que je voulais lui parler, ou plutôt la « consulter ». On m'avait dit que j'aurais affaire à ces professions-là : orthophonistes, psychologues, psychomotriciennes et tout le bazar. Avant, je ne m'étais jamais vraiment intéressée au métier qu'elle faisait en France, on parlait seulement de pâtes à quiche toutes prêtes à dérouler (introuvables ici) ou de restaurants à la mode.

« Isabelle, je dois te demander un truc. »

Enfin, j'aurais bien aimé lui demander le truc en question mais, juste à ce moment-là, une commère de service dont le mari travaille dans une banque internationale nous interrompt, sans gêne :

« Eh, les filles, vous venez danser ? Allez, allez, les filles ! On se lève », dit-elle en gloussant et en tirant la main d'Isabelle. La nana, je la fais dégager sèchement, mais comment se permet-elle ? Va danser toute seule, ce n'est pas le moment, nous, on parle de choses sérieuses avec l'orthophoniste. Toutes les deux sont surprises de ma réaction ; l'intruse s'éloigne et va coller deux trois hommes à la quarantaine bien conservée.

À voix basse, très lentement, je demande à Isabelle, l'orthophoniste, si elle a déjà rééduqué des enfants présentant des fentes labio-palatines… C'est un moyen pour moi de te faire exister, de me projeter, de parler de toi comme si je devais te soigner. Comme je sais que le monde est petit, je sais aussi que la commère lui demandera plus tard, sûrement à un café de femmes, ce qu'il m'a pris d'être aussi agressive. Et Isabelle lui répétera. Elle ne lui parlera peut-être pas de la fente – éthique professionnelle et « secret médical »… Mais elle lui expliquera à propos de mon enfant. L'autre était au courant de ma situation et n'a jamais pris la peine de me dire un tout petit mot de soutien.

Le lendemain, un texto de l'orthophoniste :

Appelle-moi si tu as besoin d'autre chose ou si je peux t'aider. À plus, Isa.

*

Les gens sont dingues, franchement, on se demande ce qui leur passe par la tête, des fois. Mes amis, ou certaines connaissances, m'envoient des photos de nouveau-nés à peine sortis du ventre de leur mère. OK, OK, ils sont HEU-REUX et tellement fiers, mais ils ne se rendent pas compte comme ces images peuvent être violentes pour moi. Impossible de regarder ces photos. Tous ces bébés se ressemblent, avec ou sans bonnet, ça dépend des saisons. Yeux fermés et gonflés, ils ont le teint jaune ou sont tout rouges. Il n'y a pas si longtemps, moi aussi j'ai tenu dans mes bras un bébé d'hiver avec un petit bonnet blanc. Sauf que son visage était gris couleur de cendre. Et il était mort.

J'ai envie de lui dire, à cette amie, à cette cousine qui vient de m'envoyer un message par WhatsApp : tes photos, tu te les gardes. Et t'arrêtes de me gonfler avec ton bonheur.

## Printemps

Sans transition, sous ces latitudes d'Asie centrale, l'été est presque arrivé, on passe du gris au vert. Hier encore, tout ce qui m'entourait était terne et, parmi toutes ces tonalités de gris, je cherchais celle qui se rapprochait le plus de la couleur gris cendre de ton petit visage. Il n'y avait qu'à lever les yeux, et partout cette couleur totalitaire, si déprimante : ces grandes avenues impersonnelles d'Almaty, ces constructions monumentales et oppressantes ou au contraire ces petits immeubles uniformes en béton, d'une tristesse toute soviétique, dans ces contre-allées aux arbres sans feuilles. Là, je lève les yeux et des feuilles, en voilà justement, le gris s'estompe et se laisse manger par le vert vif des bourgeons qui émerge partout, par petites touches.

En voiture, à pied, au cours de mes déplacements, je repasse en ville devant tous les lieux que j'ai fréquentés quand j'étais enceinte de toi. Je ne les cherche pas particulièrement, mais ils surgissent là, comme ça, au détour d'une avenue, d'un carrefour. Je revois ces lieux, ils me semblent plus colorés, comme le printemps ici.

Voilà l'hôpital de la Mère et de l'Enfant, sur l'avenue Dostyk : on m'avait fait une échographie avec une machine soi-disant très sophistiquée. Pfff. Dans les jardins de l'hôpital, certains arbres sont déjà verts et touffus. J'ai envie de m'y balader…

Tiens, j'étais assise là, à la terrasse de ce café quand j'étais vers la douzième semaine de grossesse, c'était le début de l'été, mon ventre commençait à durcir.

Et puis j'étais là aussi, tout début juillet, j'avais un rendez-vous avec un client dans cette chaîne de magasins pour référencer un nouveau produit, qui est déjà sorti du catalogue aujourd'hui… à peine six mois plus tard. L'impermanence des choses, vraiment…

Et je me suis aussi baladée sur cette grande avenue monumentale, c'était encore l'été, les feuilles étaient vertes, et dans ce restaurant-là j'ai même bu un smoothie à la myrtille.

*

Un jour, un peu après le printemps, je ne me souviens plus quand exactement, je décide d'arrêter d'en vouloir aux gens pour leur absence de réaction ou de compassion. Allez, je vous absous tous de votre indifférence, un grand coup d'éponge sur votre manque d'empathie, mesdames et messieurs, on passe à autre chose, c'est le grand pardon. Il y a ceux qui ne sont pas au courant (mon IMG n'est pas inscrite sur mon front), il y a ceux qui sont mal à l'aise pour aborder « le » sujet, et puis il y a ceux qui me sortent carrément une phrase inappropriée. Un ange passe… ou plutôt un éléphant passe… Il faut accepter que les gens ne sachent pas comment réagir. Et moi, qu'est-ce que j'aurais fait ou dit, à leur place, hein ? Peut-être pas mieux. Il n'y a pas de mots. Il n'y a rien à ajouter, tout est à vif, chaque mot est susceptible de blesser. Et si ceux qui ne disent rien avaient finalement compris avant moi ? Il vaut mieux se taire.

*

Fin mai 2014 – e-mail d'une grande courtoisie du Dottore Marcellini de l'hôpital de Pise, il nous demande où nous avons choisi de faire opérer l'enfant. Lui aussi a tenu un agenda mental de ta naissance. Ta deuxième opération était prévue pour le printemps 2014…

*

Avec une copine, nous voilà dans un Airbus tout neuf d'Air Astana, cap sur la Géorgie : trois heures de vol, visa à l'arrivée – ça nous change des autres républiques d'Asie centrale –, climat méditerranéen, cuisine réputée. Détente et exploration le temps d'un week-end prolongé. On m'a parlé d'un lieu mystique à visiter à seulement une centaine de kilomètres de Tbilissi : le monastère de David Garedja, ascète qui s'est retiré dans cette région semi-aride à la frontière de l'Azerbaïdjan. Ce lieu empreint de spiritualité va me procurer ce sentiment d'apaisement que je poursuis depuis des mois et me permettre de me connecter à toi. Très diplomate, mon amie me demande si je préfère y aller seule, je lui réponds que ça me ferait plaisir qu'elle m'accompagne.

Grande balade autour du monastère. En marchant dans la rocaille, devant ces étendues grandioses, on évoque notre expatriation au Kazakhstan, un pays immense, éloigné de tout. On parle de la Géorgie, du Caucase, pays confetti entre l'Europe et l'Orient aux ambiances de Méditerranée, plus proche de nos références culturelles à nous, en quelque sorte. On visite ce lieu sobre et presque désert. La journée est magnifique, mais tu ne m'apparais pas trop à l'esprit. Je me laisse happer par la sérénité de ce paysage semi-désertique. On achète des cartes postales, des images dorées des saints géorgiens qui portent bonheur et une bouteille de vin à l'étiquette du monastère.

Il est temps de rentrer à Almaty ! On est satisfaites de notre voyage : dans les églises orthodoxes, nos cheveux châtains et notre peau claire ont été embaumés d'encens et de spiritualité des chrétiens d'Orient, on a presque senti le souffle magique des icônes sur nos âmes. Dans les rues pavées du quartier historique de Tbilissi, on a bu du vin géorgien et de la Borjomi, l'eau pétillante du Caucase. On a flâné dans les boutiques à touristes et chez les brocanteurs, acheté des souvenirs, fait une excursion dans ce lieu mystique que je voulais visiter à tout prix. Impossible de fermer nos trolleys, pleins de babioles de Géorgie qui nous rappelleront ce joli week-end entre amies.

Ce « pèlerinage » dans un monastère qui porte ton nom n'a pas suffi. J'ai bien aimé, mais ça n'a pas suffi… Je trouverai autre chose. La bouteille de vin rouge géorgien à l'étiquette du monastère David Garedja, je la boirai à Almaty avec ton père.

### Paris – en juin

D.A.V.I.D.

David. Acteurs de cinéma, écrivains, agents administratifs, chanteurs, collègues, journalistes, artistes, hommes politiques. Ici en Europe, j'entends ton prénom partout et tout le temps. La dernière fois, je l'ai vu dans *Air France Magazine* pendant mon vol de correspondance. Là, je viens juste de l'entendre à la radio ! Ton prénom a pris encore plus de force après la découverte de la malformation qui allait te déformer. T'attribuer ce prénom c'était espérer qu'au fond tu serais beau et fort quand même, aussi puissant que ce David de la Bible, aussi majestueux que ces deux œuvres-là.

Tu aurais eu la beauté lumineuse et colorée du roi David de Chagall, qui dégage cette aura presque magique.

Tu aurais eu la beauté sophistiquée du David de Michel-Ange.

### J'écris ton prénom

Juin 2014 – quelques jours avant mes 39 ans et le quatrième anniversaire de ton frère aîné, direction mairie du 12e arrondissement pour te faire inscrire au livret de famille. Mes yeux picotent quand je tends à l'agent d'état civil le livret de famille à la couverture de velours rouge, ainsi que ton acte d'enfant sans vie, dressé le lendemain de ta naissance.

Ce petit livret cartonné m'avait été remis par une adjointe au maire rondouillarde de la mairie de Levallois, après la cérémonie civile de notre mariage. Je me souviens encore de ses mots, prononcés d'un ton espiègle : voilà votre livret de famille. De VOTRE FAMILLE. Prenez-en soin.

Je ne sais pas si j'ai bien pris soin de toi. Je fais de mon mieux pour le reste de NOTRE FAMILLE.

Je demande à l'agent, la gorge serrée, si elle veut une pièce d'identité, elle refuse, sans trop en faire. Les larmes coulent, je les essuie vite fait, c'est idiot de pleurer là, maintenant, dans une mairie. Elle me rend le livret de famille en souriant discrètement, une façon à elle de montrer qu'elle a compris ma douleur de femme et de maman. Merci pour votre sourire, madame.

Je descends le grand escalier monumental de la mairie avec un sentiment d'accomplissement fort. En quelque sorte, c'est comme si tu venais de renaître.

Pour tes frères, c'est papa qui s'était chargé de cette formalité ; il y tenait, sa façon à lui, par cette démarche administrative, de rentrer dans la paternité. C'était l'été aussi et, quelques jours après leurs naissances, Marco s'était rendu au consulat de France de Milan. Il faisait une chaleur de bête sur le Corso, le bitume fondait sous ses pieds, et moi, j'étais bien tranquille, là, avec mes bébés d'été à peine nés, dans ma chambre d'hôpital climatisée.

Cette inscription officielle d'aujourd'hui compte beaucoup pour moi : encore une petite action qui vient prouver ton existence. Tu as existé.

En sortant de la mairie, sur l'avenue Daumesnil, je suis surprise de la couleur verte des arbres, un vert vif et intense de l'été qui approche ; je me sens bien, l'émotion s'est dissipée.

Il m'arrive de feuilleter ce livret de famille. La France, l'Italie, nos deux pays entre ces pages. Il y a mon mariage avec l'étudiant italien, devenu papa. Il y a les noms de nos parents, il y a le lieu de naissance de tes frères. Origines, pays, dates, villes, prénoms et noms inscrits au bic bleu ou noir s'entrelacent et forment notre histoire.

Et il y a toi, aussi. Tu es là, parmi nous, dans notre lignée, dans notre famille. Tu es là, bien là, c'est écrit dans l'espace « troisième enfant, extrait de l'acte de décès ». Une écriture ronde, féminine, au feutre fin noir, je lis sur la feuille de droite :

David enfant sans vie, Paris, le 29 octobre 2013

De nous cinq, tu es comme moi, un vrai Parisien.

Chaque fois que nous consultons le livret de famille pour envoyer un truc à la mairie, à la CAF, aux impôts, je sais qu'on va te retrouver ici, niché entre ces pages blanches ; et que, par ce tout petit geste du quotidien, d'une certaine manière on va se rapprocher de toi. Même si papa ne dit rien, je sais qu'il y pense. Comme moi.

*

*Souvent, très souvent, maman appose ses mains sur son ventre lorsqu'elle est couchée sur le dos. Elle ne le faisait pas aussi souvent pendant sa grossesse, avant de me connaître à l'hôpital. Maintenant que je ne suis plus là, elle touche son ventre. Il est vide.*

*Les premières semaines après mon départ, elle le faisait pour me chercher. Elle se demandait où j'étais passé, ses pensées s'emballaient et, presque tout de suite après, elle pleurait dans son lit, le soir. Sa gorge se serrait et elle n'arrivait plus à respirer. Elle essayait de ne pas faire de bruit, papa était allongé à côté d'elle.*

*Maintenant elle est plus calme. Quand elle passe ses mains sur son ventre, c'est pour me saluer. Pour me dire : « Je ne t'oublie pas. »*

*J'aime ça.*

## Poussières d'étoiles

Mars 2015 – juste avant mon départ définitif du Kazakhstan, je commande une icône à une peintre russe. J'ai toujours cru au pouvoir magique des icônes… Et je suis convaincue qu'il faut matérialiser ton existence parmi nous. Une représentation, un objet qui dirait que tu as existé. Que tu as été là. Que tu as compté pour nous. Et que tu fais (au présent, pas au passé) partie de notre famille.

L'artiste habite une villa dans les hauteurs d'Almaty, avec vue sur les montagnes du Tian Shan. Elle me fait visiter son atelier qui sent l'encens et les solvants. Elle me décrit la composition de ses pigments, qu'elle broie elle-même et qu'elle mélange au jaune d'œuf, ses dorures qu'elle applique avec tel type de pinceau, le bois de cèdre qu'elle fait vieillir et polir. Chaque séance de peinture doit commencer par une prière, et là, posé entre les palettes de couleur, un cierge consumé. On parle de Moscou, sa ville natale, et elle me présente chacune des icônes qu'elle a peintes, dont deux à l'occasion de la naissance de ses enfants : Ekaterina et Vladim. Celles-là mesurent la taille des bébés quand ils sont nés, c'est la tradition orthodoxe, me dit-elle.

Nous nous sommes mises d'accord sur le choix de mon icône – on s'est arrêtées ensemble sur une image choisie sur

Internet, on a discuté son prix et sa taille : 30 centimètres pour la tienne. Je ne sais pas trop combien tu mesurais quand tu es né.

À Paris, l'icône a trouvé sa place sur un petit meuble du salon, sur un présentoir de style byzantin que j'ai récupéré chez mes grands-parents. J'avais toujours été attirée par cet objet doré sur lequel était posée une bible en velours rouge foncé, entouré de bibelots de la Vierge Marie dont ma grand-mère avait le goût. Quand j'étais enfant, je me demandais même si ce métal travaillé était de l'or et si tous ces ornements un peu lourds, ces émaux, ces pierres précieuses étaient des vrais.

Aujourd'hui l'icône et le porte-bible de style byzantin de mon enfance ne font qu'un, comme s'ils n'attendaient plus que l'un et l'autre ; la boucle est bouclée.

*Oui, pas mal, cette icône, maman… Alors, ma première impression c'est que je ne me reconnais pas vraiment. Mais après tout, pourquoi pas. J'aime bien le manteau rouge, il est peut-être trop vermillon, tu ne trouves pas ? Le David de Chagall avait un grand manteau couleur grenat, c'est ça qui t'avait plu ; je sais aussi que l'artiste russe n'a pas voulu changer la couleur du manteau, soi-disant pour respecter les canons de l'art orthodoxe. Tu t'es fâchée, tu as failli renoncer… Bah, tu as eu raison de laisser faire l'artiste à sa manière, de laisser courir, de ne pas tout contrôler.*

*Je suis flatté d'être là, parmi vous, sous le regard de mes frères, des gens de passage, des invités. J'aime le ton clair, simple et direct que tu emploies quand les invités s'interrogent à propos de cette icône : ils te demandent si tu fais ta crise mystique, si d'un coup tu es devenue croyante…*

*C'est quel saint ? Tu leur réponds : ce n'est pas un saint. C'est un roi. Le roi David : il porte une couronne, et là, de sa main gauche, il tient les textes de la Torah, tu vois, c'est écrit en russe, ou plutôt en slavon, en lettres cyrilliques. Admire un peu ce long manteau rouge. J'ai fait peindre cette icône au Kazakhstan, où il y a des chrétiens orthodoxes. L'artiste vient de Moscou. C'est en hommage à l'enfant que j'ai perdu, il s'appelait David.*

*Voilà, maman, tu prononces ces phrases avec force et simplicité.*

*

Début de l'été 2015, quelques semaines avant de quitter définitivement Almaty, je me rends à la clinique pour un contrôle gynécologique de routine. Le docteur Zharkanaï s'occupe de moi avec la même sympathie, sans trop exagérer. On n'évoque pas ce qu'il s'est passé il y a dix-huit mois.

Je lui demande la signification de son prénom. Zharkanaï veut dire « Lune claire », en kazakh.

Zharkanaï... On s'embrasse. Au revoir et merci, docteur.

*

Sur Internet j'ai trouvé ça, je ne me souviens plus où, sans doute sur un site de chrétiens orthodoxes... : je le recopie mot pour mot, ça correspond à ce que je veux dire et ce qu'essaie d'exprimer l'icône du roi David :

Qui regarde qui ?

Croyez-vous regarder une icône ? Détrompez-vous, c'est elle qui vous regarde, ce qui n'a pas échappé à certains sensitifs et mystiques avancés. La pratique spirituelle de l'icône repose précisément sur cette ambiguïté. C'est le regard transformateur d'un Christ, d'une Vierge ou d'un saint qui nous traverse et pénètre l'épaisseur encombrée de notre conscience, pour y déposer de l'ordre et de la lumière. Nous sommes alors regardés au même titre que les pratiquants du zen pensent être médités. Le renversement des volontés qui s'opère dans ce positionnement nous place sous l'influence d'une énergie sanctifiante et célestielle.

La lumière sort des yeux de l'icône et transperce notre âme ainsi mise à nu, afin que s'accomplisse un nouveau miracle.

*

Grises, brillantes, scintillantes comme des paillettes de fard à paupières. Comme des étoiles réduites en poussière.

De la poussière brillante, grise comme ta peau, scintillante comme les étoiles.

J'aime bien cette image, je l'ai inventée pour tes frères. Pour eux, tu es poussière d'étoiles. Car il faut bien mettre des mots et une représentation sur ce qu'il s'est passé, non ? Parce que de toute façon, tes frères, ils me l'ont posée, cette question : maman, il est où le bébé ? Il est où David ?

J'ai inventé cette histoire pour qu'il reste quelque chose de toi dans leur petite tête d'enfant et dans leur cœur de frère. Des images mentales, qui feront le lien pour plus tard, quand ils auront assimilé tout le processus. Plus tard, ils comprendront. Plus tard.

À ces questions, je réponds toujours de la même façon, avec des phrases simples, des gestes que j'ai mis au point et que tes frères reproduisent : « Le bébé était malade, les docteurs l'ont emporté, il est devenu poussière d'étoiles. Regarde, je te montre : tu poses un peu de poussière d'étoiles au creux de ta main. Voilà, comme ça. Tu vois comme elle brille ? Et ensuite, tu souffles et elle s'envole tout là-haut. Il est au ciel, David. » Avec tes frères, ça marche, cette petite histoire.

Poussière d'étoiles et tu disparais. Ils soufflent sur leur petite menotte potelée tendue vers le ciel et…

« Maman, tu m'avais promis une sucette, celle qui pique et qui fait la langue bleue, tu sais bien… »

« T'avais dit oui pour le tour de manège. »

« Et aussi de regarder un dessin animé, hein, maman ? »

Ils ne perdent pas le nord, tes frères. Je suis surprise de la façon dont ils passent d'un sujet à l'autre, l'instant était si grave il y a moins de deux minutes et, tout d'un coup, on me parle de sucette ou de manège. Tant mieux. Ça fait diversion. La question reviendra bientôt, de toute façon, et au moment où on s'y attend le moins. Aujourd'hui, c'est une jolie histoire, cette poussière d'étoiles. Parce qu'ils ont cinq et six ans. Mais un jour, il faudra bien que je leur explique. Et il restera ce texte, que j'écris par petites touches, en pensant à toi, au fil des émotions et des situations qui surgissent et des souvenirs qui reviennent.

*

Tu es là, parmi nous.

On a failli être trois. Tu aurais dû faire naître une fille, maman, comme ça on se battra pas. Dis, maman, on aurait pu être trois, pas vrai, maman ?

*

… Absences…

Tu existes aussi à travers tes absences omniprésentes, celles du quotidien, banales. Oui, vous auriez pu être trois. Et même si « j'ai déjà deux beaux enfants », tu me manques quand même. Tu es recroquevillé dans un coin de mon esprit, et sans que je pense à toi en permanence comme avant, tu es là, tout simplement. Tu m'apparais, peut-être une ou deux fois par jour, parfois plus... Je n'ai plus autant de colère en moi, le vide laissé dans mon cœur de mère se comble, petit à petit. Il faut du temps pour faire son deuil, disaient certains... Comme j'ai pu détester cette phrase !

De façon plus pragmatique, quand mon imagination s'emballe, je déroule le film de ce qu'aurait pu être ma vie de maman aujourd'hui, avec trois garçons de 7, 6 et 4 ans et demi. J'y pense avec envie, j'y pense avec tendresse, mais ton absence ne provoque plus cette angoisse oppressante. La douleur et la colère que j'avais au fond de moi se sont dissoutes. Il ne reste que de légères traces de ces moments de détresse, comme des stigmates au fond de mon cœur, comme pour me rappeler que tu as bien existé, que tu es bien né ce jour d'octobre 2013, et donc que tu fais partie de notre famille et de moi. Tu n'es pas là, mais tu te manifestes auprès de moi. Régulièrement.

Ce texte chemine par petits bouts. Il EST la preuve de tes apparitions dans ma vie quotidienne.

J'écris. Dans le métro, au McDo, à la terrasse d'un café, au bureau, au saut du lit, devant la télé, sur un Post-it, sur une feuille. J'écris des mots, quelques lignes, des bribes par-ci par-là, quand tu m'apparais, quand tu te trouves sur mon chemin. J'ai toujours un petit carnet dans mon sac et un stylo à portée de main, au cas où tu surgirais. Tiens par exemple, la dernière fois, c'était rue de Rivoli, je me suis adossée à l'une des colonnes pour noter une phrase, au milieu du vacarme de la circulation. J'ai fait quelques pas, vers le Palais-Royal, et encore une nouvelle idée. Palais-Royal, quel bel endroit pour une apparition de toi, qu'en penses-tu ?

Ces bribes de toi ont fait ce texte.

*

Les cierges – pour que tu existes. Dans les églises, je pense à toi. Parfois, en famille, on met quatre cierges, parfois cinq. Ça dépend. De quoi, je ne sais pas… de mon humeur et aussi du nombre de pièces de 1 euro que j'ai dans mon porte-monnaie. Aktobé (Kazakhstan occidental). Almaty (sud du Kazakhstan). Reims (Marne). Loches (Indre-et-Loire). Notre-Dame (Paris). Duomo de Florence (Toscane). Sacré-Cœur (Paris, encore). Notre-Dame-de-Royan (Charente-Maritime). Dans tous ces lieux saints et plein d'autres encore brille une petite flamme pour toi.

Tes frères adorent mettre des bougies. On dit des cierges, dans les églises, mes chéris. À Loches, j'en prends quatre. Le grand me demande d'en mettre un cinquième, pour le bébé.

Son frère, le petit, toujours observateur, dit :

« Les bougies, on les met pour les gens qui sont morts, hein, maman ?

– Oui, chéri… parle moins fort, on est dans une église.

– C'est pour mamie Hélène, cette bougie ?

– Non, ce cierge, c'est pour le bébé.

– Moi je suis triste.

– Oui, tu es triste, chéri, je sais.

– Mais, maman, pourquoi il est devenu poussière d'étoiles, le bébé ?

– Parce qu'il était malade.

– Mais, maman, quand on est malade, on n'est pas mort. »

Que répondre à ton frère, 4 ans et demi ?

## La souffrance de ces enfants-là

Consultation chez la dermato, le docteur H., que je connais depuis mes années d'étudiante – elle fait partie du décor du 12e arrondissement. Le temps a passé, ses cheveux sont tout blancs. En rédigeant l'ordonnance, au moment où je m'y attends le moins, voilà ce qu'elle me dit :

Votre maman m'a raconté, pour vous. Elle m'a appelée plusieurs fois, avant et après ça, elle a été très secouée, vous savez. Vous avez fait le bon choix. Oui les fentes labio-palatines et beaucoup d'autres malformations congénitales se réparent, oui, mais au prix de très grandes douleurs, et ça on n'en parle jamais. Ces enfants, ILS ONT MAL. Il faut pas croire, c'est éprouvant, toutes ces opérations, ces anesthésies, ces piqûres, ces perfusions, ces séjours à l'hôpital et puis la rééducation qui dure des années. Des années, je vous dis ! Et la souffrance psychologique, on oublie la souffrance psychologique ! Oui, d'accord, il y a les psys. D'après vous, pourquoi il y a tout cet arsenal psychosocial et cet accompagnement lourd, tout au long du parcours thérapeutique ? Hein ? Mais enfin ! Parce que ces enfants-là ont des blessures narcissiques très profondes, ils ne se sentent jamais comme tout le monde ! Et en plus ils ont mal, je vous le répète, à cause de toutes les opérations… Vous avez évité à votre bébé de grandes souffrances. Surtout, ne regrettez pas. Vous êtes une mère sensée.

C'est le troisième médecin de ville qui aborde franchement, sans détour, « ce qu'il s'est passé pour vous ». Ils sont souvent en retard, les salles d'attente pleines de patients, pourtant ils prennent le temps de revenir sur les événements qui ont bouleversé notre famille il y a deux ans, avec une certaine proximité et une vraie empathie. Et pas seulement avec quelques phrases de circonstance, mais avec un argumentaire choisi et des mots qui sonnent juste. Un médecin qui évoque la souffrance physique d'un nourrisson et les répercussions psychologiques sur un enfant ; un médecin qui parle de douleur et de ses conséquences : je n'ai jamais entendu ça avant. Ce ne sont pas tous des robots, alors ? Leurs mots me touchent, je sens qu'ils sont vrais.

*Tu vois, maman. Même le docteur H. te le dit, tu lui fais confiance, hein ? Je t'aurais fait une crise d'ado puissance dix avec mes problèmes, avec mon mal-être de gueule cassée. Tu aurais douté de toi, de ta capacité à bien faire, à me rendre heureux, tu en aurais voulu à la terre entière. Tu en aurais voulu au chirurgien, qui m'aurait mal recousu, au psy à 80 euros la séance, qui m'aurait mal soutenu ou mal accompagné. Tu vois, c'est mieux comme ça, ne t'en fais pas.*

Je sors de cette consultation plus lucide, comme si mon histoire venait enfin d'être éclairée sous un autre angle. Dans cette épreuve, moi, une maman, je suis passée aussi à côté d'un élément essentiel et vous, docteur H., vous avez bien fait de me le rappeler, c'est le cœur de votre métier : la douleur. J'étais là, hystérique, hyper nerveuse, comme toujours à élaborer des plans de bataille, comment faire ceci, comment arranger cela, mais je n'avais pas pensé à une chose pourtant si simple : mon enfant aurait souffert dans son corps, dans sa chair, dans son cœur, de tous ces traitements, ces opérations. Ce n'est pas anodin. Et non, la peau des bébés n'est pas élastique. Les bébés ne sont pas de la pâte à modeler. C'est vraiment mieux comme ça, alors ?

Cette suspicion de trisomie 13 en mosaïque a tout gâché, ou t'a/nous a épargné de grandes souffrances, finalement.

*

Mon aîné apprend à écrire. Il griffonne des mots sur des feuilles volantes qu'il me tend. « MA FAMILLE », dit-il fièrement.

« Dans ma famille il y a moi, il y a toi, il y a papa, il y a Nicolas et il y a David. »

« Regarde comme j'ai écrit, maman. T'as vu ? Regarde ! »

« Eh, maman, il est où le bébé qui était dans ton ventre, avant ? »

## Même plus mal

Mars 2017 – vu au cinéma le film *Sage-Femme*, avec Catherine Frot et Catherine Deneuve.

Et je :

repense à mes propres accouchements

ressens de nouveau à travers les scènes du film la bienveillance des femmes entourant une autre femme, celle qui va mettre un enfant au monde. Cette ambiance à la fois électrique et cotonneuse, entre les douleurs et la joie. Moi aussi j'ai eu la chance de vivre tout cela

revis les atmosphères d'hôpital : les moniteurs, le bip bip bip de service de néonatologie, les blouses blanches et roses, les visites à la chaîne des médecins, des sages-femmes, des pédiatres, des infirmières et des aides-soignantes.

Je ne ferme pas les yeux devant les scènes de naissance de ce film. Évidemment, elles me ramènent aux instants très particuliers où moi aussi j'ai donné la vie. Toute femme préserve en elle, dans son cœur, dans sa mémoire, ces instants-là, si forts.

Après le film, j'écris les mots de la scène sur mon carnet : on reprend son souffle, on pousse, on respire. C'est bien. Regardez votre bébé. Félicitations, madame, vous avez bien travaillé !

*

Un jour, pschiiiiiitt. Fini l'abattement quand je reçois un WhatsApp avec des photos de nouveau-nés affreux des copines ou de la famille. Comment en vouloir aux jeunes parents qui trouvent leur bébé MA-GNI-FIQUE, vraiment, et qui veulent seulement partager le trop-plein de joie dont ils débordent ? J'étais pareille. J'aurais aimé faire pareil avec toi, David.

J'ai détesté tous ces cartons de naissance, toutes ces photos reçues sur WhatsApp, que j'ai accueillis avec colère et jalousie. Puis un jour, comme ça, sans préavis, toute cette colère s'est envolée. Je regarde les bébés des autres : ils sont juste moches, tout fripés, comme les miens l'étaient aussi. Je félicite les heureux parents en flattant un trait par-ci ou une ressemblance par-là, et voilà. Tout le monde est content, je passe à autre chose – sans oublier d'effacer de la mémoire de mon téléphone les photos de bébés.

*

À chaque contrôle gynécologique, toujours les mêmes questions qui me ramènent à toi et à tes frères, nos histoires à tous se mêlent encore et encore, dans une chose aussi banale qu'un formulaire médical.

– Âge des premières règles
– Âge de la première grossesse menée à terme
– Allaitement : oui/non
– Nombre de grossesses
– Fausse couche : nombre
– IVG : nombre

Tiens, il n'y a pas IMG sur ce formulaire. Pourquoi ?

Devant la case grossesse, je n'ai pas pu écrire 3.

J'ai écrit au stylo noir : 2 + 1, et je pense à toi. Sans colère. Avec toute ma tendresse.

Tu es le + 1 qui m'a fait comprendre ma vraie chance, celle d'avoir des enfants en bonne santé. Même si ton absence ne se guérit pas comme ça et qu'il y aura toujours dans un coin de ma tête un « pourquoi ? ».

*

Mes garçons marchent et piaillent dans la rue, on a invité un petit copain et on va tous au manège, au jardin des Tuileries. L'aîné fait son intéressant devant son ami : ma maman à moi, elle a eu un bébé dans son ventre, mais il n'est pas venu. Oui, oui, il est devenu poussière d'étoiles, même que c'est le docteur qui l'a pris.

Il se retourne vers moi, toujours en sautillant : nous, on a failli être trois, pas vrai, maman ?

Je mets mon doigt sur mes lèvres, lui faisant signe de se taire. Son frère observe sans rien dire. Maintenant je sais qu'il a compris et s'il ne renchérit pas aux phrases de l'aîné, c'est que c'est sa façon à lui d'intégrer cette idée, celle d'avoir perdu un frère qui était plus jeune que lui.

*

Un reportage à la télé sur les grands prématurés et le travail des équipes médicales, celles qui exercent nuit et jour pour donner et protéger la vie. Ça se passe au service de néonatologie à Necker, un hôpital qu'on aurait pu fréquenter assidûment tous les deux.

Côté bébés : on voit des nouveau-nés de 800 grammes. Toi, tu pesais 1200 grammes environ. Je suis maintenant capable de regarder ce type de reportage avec des bébés partout : ils sont moches et minuscules. J'observe cette maman, une Roumaine qui s'appelle Anca, elle a accouché ici il y a un mois d'un grand prématuré qui pèse 750 grammes. Elle lui rend visite tous les jours à l'hôpital. Elle sourit tout le temps et semble si heureuse d'être maman. Elle s'occupera bien de son fils, s'il survit. Aujourd'hui, on la voit un peu inquiète, il n'a pris que 15 grammes par rapport à la veille. Elle sourit encore, en le tenant contre elle, il est nourri par des sondes de partout qui cachent son petit visage. Je suis attendrie par cette maman si douce et déjà pleine d'amour. Pourvu qu'il n'ait pas de séquelles neurologiques, dit-elle avant de poser ses lèvres sur le crâne tout chauve du bébé.

Et toi, si on t'avait laissé vivre, quelles séquelles neurologiques aurais-tu eues ?

Côté soignants : traits tirés, Crocs et blouses blanches ou vertes, ils ressemblent à des manutentionnaires. En fait ce sont les pédiatres du bloc réanimation, la crème de la crème, ce qu'il se fait de mieux dans le meilleur hôpital de France pour enfants. Ces mêmes pédiatres qui auraient pu s'occuper de toi.

Au département de néonatologie, une interne mal coiffée explique le combat perdu pour sauver un enfant. Elle prononce ces phrases, tout en retenue : « Parfois c'est dur. On vient d'annoncer aux parents qu'on va arrêter les appareils. Demain, l'enfant partira. »

**L'enfant partira.**

Je regarde ce reportage sans pleurer, la gorge serrée, moi aussi je t'ai laissé partir. Je me dis que ces gens en Crocs et en blouse blanche auraient, au fond, des cœurs d'hommes.

## Anniversaires

Un an après – Almaty.

J'ai posé une journée de congé, pour qu'on reste entre toi et moi, ce jour si spécial.

Le soir, ton père est revenu du bureau avec un bouquet de chrysanthèmes.

« Ah, merci, je lui dis, un peu surprise par le choix du végétal… Mes fleurs préférées, ce sont les roses. Tu le sais, non ?

– Ce n'est pas pour toi, c'est pour lui.

– Ah. »

J'ai gardé une photo de ce bouquet dans l'album « Kazakhstan 2014 », avec une photo d'un autre bouquet de fleurs qu'on m'avait offert pour je ne sais plus quelle occasion ce mois-là.

Un an déjà.

*

29 octobre 2015 – Paris.

Le matin même, avant de partir au travail, Marco dit, en me serrant fort dans ses bras : aujourd'hui, je n'oublie pas où nous étions ensemble, il y a deux ans.

Cette phrase me suffit. Je ne savais pas comment il allait réagir, il est impossible de sonder son cœur sur ce sujet, il n'en parle jamais. Ces quelques mots me font comprendre qu'il reconnaît ton existence dans nos vies et ton absence parmi nous.

Deuxième anniversaire de ta naissance : je n'évoque rien, je n'organise rien, je n'achète pas de fleurs, des roses rose pâle, mes préférées. Pas encore trouvé de bon fleuriste dans ce quartier de Paris où on vient d'emménager. Et puis nous allons fêter tellement d'anniversaires ensemble, je ne veux pas acheter n'importe quelles fleurs, chez n'importe quel fleuriste, et surtout pas à l'épicerie en bas de chez moi. Non, non, ces roses à 10 euros à moitié fanées et pleines d'épines dans des sachets transparents, je n'en veux pas.

Dans cinq ans, dix ans, vingt-cinq ans, je penserai encore à toi, et il y aura d'autres occasions pour acheter de très jolies fleurs chez un vrai fleuriste. Je prendrai la plus belle composition. Tu vaux bien un bouquet de roses.

*

Vacances chez une amie : je composte mon billet de train à la gare de La Baule : 29 octobre 2016.

Hein ! Je n'avais pas fait attention à cette date en réservant mon billet ! Ce matin en me réveillant je n'ai pas touché mon ventre. Il y a trois ans, à la même heure, on me posait une péridurale. Début de l'oubli ? De la guérison ? Pourtant tu es encore là, bien présent.

29 octobre… Tu es né sans vie un 29 octobre, à vingt-neuf semaines et des poussières. L'anniversaire a été douloureux, le deuxième moins, le troisième j'ai oublié ! Dans la journée, j'appelle Marco sur son portable, il n'est pas allé travailler, soi-disant il était malade. Je le sens morose, je crois savoir pourquoi. Nous ne mentionnons pas ton prénom ni la date d'aujourd'hui. Je suis loin, en vacances. Pas envie d'évoquer ça par téléphone.

Où serai-je quatre ans, cinq ans, dix ans après ta naissance ? Est-ce que je penserai à toi la veille ? Le jour même ? Est-ce que je serai triste ? Aucune importance, au fond. Notre histoire à tous les deux ne s'arrête pas au jour où tu es né. Et peu importe ce qu'on dit et ce qu'on fait les 29 octobre de chaque année, je pense à toi tous les jours, de toute façon.

*

Hiver 2017 – l'aîné tripote l'icône. Maman, c'est écrit en russe ici, je reconnais ! Non, en slavon. Je hurle. Ne touche jamais l'icône. C'est l'icône du bébé, c'est fragile, tu comprends ça ? Il est interdit de toucher l'icône du bébé. Va jouer avec tes jouets à toi.

« Maman, moi je sais pourquoi il a été malade, David. Parce qu'une fois quand il était dans ton ventre, j'ai tapé ton ventre. »

...

Un autre jour, des mois plus tard, je découvre que tes frères ont collé des gommettes sur les quatre coins de l'icône et du porte-bible. Je hurle, encore : QUI A FAIT ÇA ? C'est personne, bien sûr. Ne t'énerve pas, me dit leur père, ils ont voulu rendre hommage au bébé, d'ailleurs tu vois, ils ont collé les plus beaux autocollants de leur album, ceux à paillettes.

Le petit avoue : c'est lui.

« Pourquoi tu as collé des paillettes sur l'icône du bébé, on ne touche pas l'icône, tu le sais !

– Pour faire joli. Quand même, maman, le brillant c'est joli, hein ? »

## Affranchie

On appelle un bébé né après une fausse couche ou un avortement un « bébé arc-en-ciel ». Je l'ai vu dans le post sur Facebook d'une copine indienne, il était assorti de plein de petites icônes kitsch, des cœurs de toutes les couleurs et des arcs-en-ciel partout. J'ai immédiatement partagé. Et après, j'ai compté le nombre de « J'aime » reçus. Débile, évidemment. En plus il ne faut jamais, mais jamais croire ce qu'on voit sur Facebook...

Des « friends » ou d'autres personnes qui ont été proches de mon histoire ou qui ont aussi vécu des fausses couches ont

« liké » immédiatement. Re-débile. Mais je me suis sentie bien. « Rainbow baby » : j'aime bien cette image. Elle m'apaise, me réconforte. Il peut y avoir de l'espoir après un drame. Si je décide d'avoir un autre enfant après toi, il sera un bébé arc-en-ciel, un enfant né après un petit ange né sans vie.

Printemps : ce sont les ponts de mai. Il y a quatre ans, en mai 2013, je découvrais que je t'attendais. Je me replonge dans les sensations du mois de mai qui me ramènent à cette période-là, si proche, si loin.

*

C'est ma sœur qui prononce cette phrase, au pouvoir libératoire d'années de culpabilité. Elle me le dit sans détour, sur un ton qui signifie : « Mais n'importe quoi, enfin, tu te rends compte des conneries que tu dis ? » On est au restaurant indien, un midi du mois de juin. Il y a quatre ans, j'étais enceinte, c'était l'été, j'étais allée à cette soirée. Je lui confie ce que j'ai fait. Je lui explique que la malformation est peut-être due à un abus d'alcool, ces deux verres de bordeaux que j'ai bus un soir dans un restaurant français à Almaty.

Elle me regarde, incrédule, et me balance, comme ça, avec son franc-parler habituel : « Avec tous les verres de pinard que tu t'es enfilés pendant ta première grossesse, je ne vois pas vraiment où il est, le problème. Ton aîné, il est en bonne santé, non ? »

(Affranchie ? – bien sûr que non.)

Maintenant j'accepte (un peu) mieux.

On peut bien évoquer toutes les hypothèses qu'on veut, mais on ne saura jamais pourquoi c'est tombé sur toi.

*

Quai de Seine en taxi, un soir de juin, tu m'apparais.

J'ai visité le monastère de David Garedja en Géorgie pour tenter de me connecter à toi ; je ne suis toujours pas allée me recueillir au cimetière de Thiais et j'ai bien fait. J'ai cherché, j'ai cherché, j'ai ramené cette icône du Kazakhstan qui veille sur nous en diffusant à l'occasion dans notre salon ses ondes magiques. Alors que le taxi file dans la nuit d'été, le long de la Seine, tout me semble évident. Le lieu que je cherchais pour me connecter à toi, je l'ai sous les yeux ! C'est la tour Eiffel, où je suis montée, vingt-quatre heures après ta naissance, là-haut, au deuxième étage.

Je ne regrette pas cette lubie de femme accouchée. Tu sais pourquoi ? Parce que lorsqu'elle se met à scintiller dans la nuit et illumine tout Paris de ses milliers d'ampoules, mon cœur se réchauffe de toi. C'est le lieu que je cherchais, l'attache qui désormais me liera à toi. C'est à Paris, 75, où tu es né. Comme moi.

J'aurais dû garder le ticket d'entrée, comme une relique de toi. Nan, je déconne.

## L'écriture de toi

Ce texte m'est venu petit à petit, par fragments, des mots mis les uns derrière les autres, comme ça, au gré des apparitions ponctuelles de toi. J'ai voulu restituer l'émotion de la femme que j'ai été, enceinte, et celle qui ne sera plus :

celle qui a été surprise par toi, une journée de mai

celle qui annonce qu'elle t'attend, à toute personne qui veut bien l'entendre

celle qui observe son désir, dans une cuisine carrelée, un après-midi d'août 2013 celle à qui on annonce une malformation congénitale grave, pour laquelle il existe des traitements, la médecine fait des miracles aujourd'hui

celle qui doit se réveiller quand elle comprend que ce n'est pas un cauchemar, mais la vraie vie et que c'est le moment de l'affronter

celle à qui on dit par téléphone qu'on suspecte une trisomie 13, en mosaïque

celle qui décide de ne pas te garder et qui se bat pour ça, son mari à ses côtés

celle à qui on explique que l'accouchement par voie basse, c'est plus facile pour faire son deuil, après, et qu'il faut vivre les choses pour mieux les assimiler

celle qui subit ton absence et qui porte en elle cette culpabilité d'avoir été confrontée au choix le plus terrible que des parents puissent assumer : décider, en pleine conscience, de ne pas donner la vie.

L'écriture chemine, les mots sortent, les uns après les autres, parce qu'il faut écrire cette femme-là, tous ces moments et toutes ces personnes qui l'ont entourée. J'écris sur toi, sur des souvenirs, des pensées, des émotions, des fantasmes. J'écris aussi les mots prononcés par tes frères : mais maman, le bébé il est où ?

Ci et là, j'écris sur toi, comme tu me viens : par flashs, par bribes.

Les mots t'ont formé, l'écriture de toi s'est concrétisée jusqu'à devenir obsessionnelle : il fallait que tu existes, au moins par ce texte.

## Matériel et méthode

Au début de l'écriture de ce texte, j'avais pensé nécessaire de retourner sur les lieux fréquentés pendant ma grossesse et de revivre les sensations éprouvées pendant ces événements afin de mieux les consigner sur le papier. Difficile d'aller à Almaty, au Kazakhstan, mais j'aurais pu flâner cet été dans divers lieux à Paris : le cabinet du cardiologue périnatal dans le 14e arrondissement, l'Hôpital américain où j'avais fait la prise de sang miracle qui remplace l'amniocentèse, la salle d'attente des grossesses à risque de l'hôpital Trousseau, etc.

Pour aller au plus près du réel, il me semblait important de :

> récolter des détails qui auraient fait défaut à mon souvenir, m'imprégner à nouveau des lieux : marcher dans les couloirs où j'ai attendu, reprendre un café au Relais H de l'hôpital, revoir le bureau d'état civil où je suis allée chercher ton acte d'enfant sans vie
>
> vérifier certains éléments, le modèle de la machine à échographie, par exemple
>
> rencontrer des sages-femmes, discuter avec elles. Savoir comment elles abordent le deuil périnatal, connaître leur point de vue à elles. Sur le coup tout ce personnel soignant m'avait semblé tellement distant
>
> relire les rapports médicaux, apporter aux lecteurs plus de détails sur les fentes labio-palatines et les malformations congénitales, leurs caractéristiques, la façon de les soigner, les avancées de la médecine dans ce domaine.

Bref: être fidèle au réel, le consigner noir sur blanc, pour donner plus de vérité à mon histoire.

Et puis non, finalement, non. Parce que ce qui compte pour moi, c'est aller au plus près des sentiments, du ressenti, des émotions, de les explorer pour y poser des mots, et non des faits. Il est inutile d'éplucher les rapports médicaux de ma troisième grossesse conservés dans mon dossier gris, jamais rouvert. Tout cela n'effacera pas ta malformation et ne te fera pas revenir.

J'ai décidé d'accepter les trous et les incertitudes, car finalement on s'en fout. On ne va pas réinventer le diagnostic médical. J'ai laissé ce texte venir à moi, comme ça, par fragments, notés au fur et à mesure.

Le temps joue beaucoup dans l'écriture de soi, de nous. Et je finalise ce texte trois ans et demi après le deuil. Certains détails sont flous, les émotions et la colère se sont estompées. Trois ans et demi… on ne peut pas écrire à chaud, comme ça. Il faut du temps de s'approprier l'impensable, ce temps dont me parlait en vain le professeur V. Comprendre la perte, la mesurer, savoir prendre de la distance par rapport à elle, à défaut d'y trouver un sens. Comme bien sûr cette perte n'a aucun sens, il m'a fallu ce temps pour rebondir et être capable d'y mettre des mots. Des mots ont fait des phrases, des idées, puis un texte complet.

J'espère que ma propre histoire fera écho dans le cœur d'autres parents qui ont vécu une expérience semblable à la mienne, celle de perdre un enfant.

## Rédemption

Mars 2017 – je tiens ma petite nièce dans mes bras, deux mois à peine, toute légère, toute tiède. Son crâne est doux et lisse. Je ne ressens rien. Pas de jalousie, pas de tristesse, pas de colère, pas d'envie nette d'avoir un autre bébé, pas de rancœur. Rien. Rien, vraiment ? Peut-être un tout petit peu de tendresse pour la fragilité de ce bébé qui me ramène aux moments si intimes, vécus pendant les premières semaines de vie avec mes propres enfants.

Je suis reconnaissante à ses parents de me l'avoir confiée – ils savent combien c'est douloureux pour moi. Je suis guérie, alors ? Bien sûr, une fugace pensée de toi traverse mon cœur. La douleur est là, bien enfouie, mais elle fait moins mal, comme en sourdine, elle lutte pour s'échapper et choisit finalement de rester là où elle se trouve. Il y a d'autres choses à faire, à découvrir, d'autres émotions à explorer.

La vie – ma vie continue.

*

Pourquoi ce texte ? À part le personnel hospitalier et moi, ta mère de quelques instants, personne ne t'a vu en chair et en os. Finalement c'est un peu te donner naissance une seconde fois et permettre à ceux qui ne t'ont pas connu de te rencontrer.

Je veux à tout prix faire exister notre brève relation : vingt-neuf semaines *in utero*, quelques minutes *de visu*.

Notre relation et ton existence prennent forme avec ces mots.

Cette culpabilité, que j'ai traînée longtemps derrière moi comme un fardeau, a laissé un grand vide. Il a fallu que j'explique pourquoi j'ai pris cette décision lourde, celle de t'ôter la vie, pour t'éviter plein d'emmerdes, c'est même les médecins qui l'ont dit. Et puis… Aujourd'hui il y a : la promesse de mieux me porter, l'acceptation (ou plutôt la résignation) douloureuse de ta perte, l'envie d'aller de l'avant avec ma famille, et je vis tout cela comme une sorte de rachat vis-à-vis de toi. Ton départ n'aura pas été inutile. Je suis sûre que tu me/nous pardonneras.

Mais comme il faut bien qu'il reste quelque chose de toi et de mon/ton/notre histoire, je n'ai pas eu d'autre choix que de l'écrire.

## Aujourd'hui, Simone Veil est morte

Été 2017 – diffusion d'images d'archives au journal télévisé, la disparition de Simone Veil me touche plus que je ne l'aurais cru. Elle ressemblait à ma grand-mère sous de nombreux aspects : coiffure, carrure, posture, intonation de la voix. Et surtout, toutes les deux portaient le même type de robes. Toute une époque… J'admire la vie de cette femme et le courage avec lequel elle a défendu ses convictions, un combat de femme qu'elle a mené pour d'autres femmes.

Simone Veil nous a laissé une loi, celle de 1975, l'année de ma naissance. Son nom reste dans mon souvenir intimement lié à cet exposé que j'avais fait en classe de quatrième, pour le cours de biologie, quand je n'étais alors qu'une toute jeune fille.

La loi Veil – 1975, on l'a même étudiée à l'école, cette date importante figure dans les chronologies des manuels d'histoire.

1975 : presque toutes mes amies sont nées cette année-là et certaines ont, comme moi, bénéficié de la loi Veil, parce que… ça arrive à beaucoup de femmes.

IVG.

IMG.

C'est juste une lettre qui change, mais c'est la même loi, la loi Veil. Cette loi a changé la vie de toutes les femmes et le rapport qu'elles entretiennent avec leur corps, les hommes, la maternité, la vie, leur vie et la société tout entière. Simone

Veil a amélioré la vie de toutes les femmes. Il ne faut jamais l'oublier.

## Une expérience en direct

Un jour d'été, je suis seule chez moi à Paris et je m'apprête à faire ce que j'ai repoussé depuis si longtemps : ouvrir l'enveloppe avec ta photo. Je sens que c'est le bon moment, la fin de mon texte approche, et je vais aussi me livrer en même temps à une expérience d'écriture : consigner mes émotions au moment où je les vis, comme une sorte de voyeurisme littéraire.

Avant, ni Marco ni moi n'avons regardé la photo de l'enveloppe. Impossible. Trop dur. Ma mère et notre médecin de famille l'ont vue, mais n'ont pas partagé de commentaires. Comment ma mère, qui a vu ses autres petits-fils naître et grandir en bonne santé, a-t-elle eu le courage de regarder cette photo dans l'enveloppe ? Je ne sais pas. Ensuite elle me l'a rendue et m'a dit : « Merci de me l'avoir montrée, merci de ta confiance. » J'ai été rassurée par ces mots. Ça veut dire que tu n'étais pas si moche. Que tu étais un vrai bébé qu'on aurait pu aimer, comme les autres.

L'enveloppe blanche est rangée dans le classeur gris où je garde le dossier de ma troisième grossesse. Un sachet en papier contient le peu de souvenirs que j'ai conservés de toi : le double de la carte postale de Chagall, mon bracelet d'hôpital, les coordonnées de la chambre mortuaire de l'hôpital avec les horaires d'ouverture, une photo de toi et une empreinte de ta petite main faite sur une pochette cartonnée. Il y a aussi le plan du monastère de David Garedja en Géorgie, que j'ai visité au tout début de l'été 2014.

L'enveloppe.

Voilà ce que je vais faire : je vais aller ouvrir l'enveloppe, que je tiens scellée dans le classeur gris depuis ta naissance. Et je vais regarder ta photo. Ensuite je vais consigner par écrit toutes mes impressions, mes émotions, brutes, sans filtre, dans l'ordre où elles arrivent, ou dans le désordre, ça dépendra de la vitesse de ma pensée et de la façon dont j'arrive à les retranscrire.

Oui, je vais faire ça.

Mais avant, j'écris maintenant, tout de suite, tout ce que j'imagine dans l'enveloppe depuis des années.

Voilà ce que j'imaginais.

Une photo noircie, un portrait avec ta petite tête, tes yeux fermés. Une photo imprimée sur un papier d'échographie, brillant, comme celui des fax avant. J'espère secrètement que la photo sera toute noire, quatre ans après, et qu'on ne verra presque plus rien. J'imagine un portrait proche du souvenir que j'ai gardé de toi, et que j'ai décrit plus haut : une anomalie morphologique, oui, d'accord, mais bon, que je n'ai vu que de manière très furtive, comme un mirage, une image qui passe et s'en va.

Ça y est, je l'ouvre.

Voilà ce que je ressens en voyant l'enveloppe : mes mains ne tremblent pas. Mon cœur bat plus fort. Je suis surprise par le papier. Et la photo.

Voilà ce que j'ai vu.

Alors l'image est bien différente de ce que j'imaginais. Tout est différent.

Il s'agit d'une photo en noir et blanc, comme je le pensais. Ou comme me l'avait dit notre docteur de famille qui a ouvert l'enveloppe devant moi. Le papier d'abord : ce n'est pas un papier type fax tout noirci. La photo a été faite avec un appareil photo numérique, imprimée en noir et blanc sur du papier d'imprimante. Elle indique une date erronée, l'appareil devait être mal réglé : 2013/10/27 – 05.34 AM.

Il y a comme une mise en scène, c'est une délicate attention de l'hôpital, à laquelle je ne m'attendais pas. On a pris le soin de te photographier habillé, dans le drap blanc aux liserés vert et orange. À gauche de ta petite tête, on a déposé la carte postale du roi David, de Chagall. Tu portes le bonnet blanc trop grand, une frise de cheveux foncés dépasse.

La malformation est beaucoup plus visible que dans mon souvenir. On voit un bourgeon énorme au-dessus de la lèvre, ton nez tout déformé, et surtout deux fentes abyssales, qui forment deux trous noirs. Comme les pires photos d'enfants que j'ai vues sur Google.

Tes yeux fermés, des poches et rides sous les yeux, comme tous les nouveau-nés. L'image est gris pâle, pas très nette, avec très peu de contraste ; tes joues sont striées de lignes blanches ou grises plus claires, je ne sais pas si c'est la qualité de la photo qui fait cet effet. Je suis surprise, je ne te reconnais pas.

Dans l'enveloppe, il y a aussi la cartonnette de l'hôpital Trousseau. Je me la rappelais rose, mais elle est violet foncé. Ton poids est très précis, je ne m'en souvenais plus avec exactitude, je ne crois pas d'ailleurs que la sage-femme me l'ait annoncé. Au feutre noir, épais, en majuscules, tes prénom et nom de famille :

**DAVID M**

Né le 29 octobre 2013 à 15 h 20, 1 370 grammes.

La marque de ton petit pied, on voit bien la plante de ton pied et tes cinq orteils, c'est mignon. Et ton petit poing fermé : je passe mon doigt dessus, une caresse pour toi, mon bébé.

Cette expérience m'a troublée, plus que je ne l'aurais cru. Je regrette presque d'avoir ouvert cette enveloppe. La photo ne correspond pas au souvenir que j'ai de toi, cet enfant doux et tiède. J'essaie de garder l'image d'avant dans ma tête. En vrai, tu étais bien plus beau.

## Nous quatre

Mes autres enfants pleins de vie : ils sautent sur le canapé, se battent, rient, babillent devant les dessins animés, renversent leur grenadine sur la table du salon… Deux garçons. Toi aussi tu aurais pu être sur ce canapé. Je t'imagine pleurant, te réfugiant dans mes bras, toi le petit dernier aux cheveux châtain clair et aux grands yeux marron, graves. Tes frères grandissent et sont là, avec nous : premières dents tombées, petites roulettes du vélo qu'on enlève, premières brasses sans bouée, premières phrases déchiffrées en entier dans un livre.

Pique-nique – tous les quatre. Un dimanche de mai. J'aime bien quand on est tous les quatre, dit le grand. Je sais qu'en entendant ces mots, Marco pense qu'en vrai, on aurait pu être cinq. Car tu es invité à ce pique-nique par la pensée. Tu es avec nous, mais… c'est tous les quatre que nous irons nous promener à vélo dans la forêt de Compiègne aujourd'hui. C'est aussi tous les quatre que nous longerons les quais de Seine, demain, sous ce grand soleil, en admirant la tour Eiffel.

Nous quatre…

Il y aura toujours ces moments-là, avec tes frères, avec ton père : en vacances, sur la plage, à un pique-nique, à un anniversaire, au restaurant, en balade à vélo. Avec papa, on les regardera, on sera fiers d'eux, on se dira qu'on les a bien réussis, nos fils ; et surtout qu'on passe un bon moment ensemble, tous les quatre – nous quatre. Dans une semaine, un mois, cinq ans ou vingt-cinq ans, on a encore tellement d'autres moments à quatre à vivre ensemble.

Lui et moi, dans notre tête, dans notre cœur, on dira « nous quatre », même si parfois, pas tout le temps, juste parfois, on pensera « nous cinq ». Tu seras toujours associé à ce « nous quatre », ce sera un 4 + 1 = 5. Parce qu'on aurait pu être cinq, parce que aujourd'hui tu aurais pu construire avec nous ce château de sable sur cette plage, parce que tu aurais pu être aussi sur cette photo avec nous sous le beau ciel bleu de la côte Atlantique.

Dans ce nous quatre, il y a forcément un peu de toi, même si on ne te nomme pas, on ne t'oublie pas, on y pense sans se le dire. Tu resteras pour nous, dans notre cœur, dans nos esprits, des cierges qu'on allume dans les églises, un souvenir fait de tendresse et de douleur, une présence qui nous a manqué, un bébé qu'on a aimé sans même le connaître et qu'on aurait voulu sauver si on avait pu, un petit garçon qu'on aurait aimé câliner et voir grandir. Tu nous as manqué, David, on aurait voulu être tes parents et t'épargner toutes ces épreuves. Tu as manqué à tes frères, qui auraient adoré se battre sur le canapé avec toi et te piquer tes jouets, et qui disent aujourd'hui qu'« on aurait pu être trois ».

Nous quatre.

Mes fils et leur père qui jouent sur la plage me rappellent que la vie continue, et qu'elle peut être merveilleuse, dans la simplicité de ces toutes petites choses, comme aujourd'hui, en cette fin d'après-midi d'été paisible sur une plage, avec ce château de sable qu'on a construit tous les quatre et que la marée va bientôt effacer.

*Paris – août 2017*

# Remerciements

Je remercie :

mon mari qui a marché, digne et fort à mes côtés, pendant toute cette épreuve, avant, pendant et après ;

ma famille, pour son soutien ;

les équipes médicales et les soignants, de tous les hôpitaux que j'ai fréquentés, pour leur accompagnement et l'assistance apportée lorsque nous avons dû prendre cette juste décision ;

les généralistes, obstétriciens, psychologues qui m'ont suivie et réconfortée ;

mes éditrices, qui ont décidé de publier ce texte pour le partager avec d'autres parents ;

et bien sûr,

merci à mon fils, David, qui a fait de moi une maman pour la troisième fois.

MIXTE
Papier issu de sources responsables
FSC® C003309

Les papiers utilisés dans cet ouvrage
sont issus de forêts responsablement gérées.

Achevé d'imprimer en France par EPAC Technologies

N° d'édition: 4550414301619

Dépôt légal: mars 2019